CB073423

O AQUÁRIO MODERNO
PEIXES TROPICAIS

3ª Edição atualizada

MÁRCIO INFANTE VIEIRA

MÉDICO VETERINÁRIO

Cargos ocupados: Fundador e 1° Presidente da Associação Fluminense de Cunicultura; do Centro de Estudos de Informação em Extensão Agrícola; Conselheiro do Alto Conselho Agrícola do Estado de São Paulo; Assistente da Divisão de Medicina Veterinária do Instituto Vital Brasil; Membro do Conselho de Agricultura do Estado do Rio de Janeiro; Fiscal de Carteira Agrícola do Banco do Brasil; Coordenador-Técnico do Banco Central do Brasil; Presidente da Associação Brasileira de Criadores de Coelhos; credenciado pelo Ministério da Agricultura.

O AQUÁRIO MODERNO PEIXES TROPICAIS

3ª Edição atualizada

SÃO PAULO - SP
BRASIL

2010

PRATA EDITORA E DISTRIBUIDORA LTDA.

PRATA
Editora

Dados Internacionais de Catalogação na Publicidade (CIP)
(Câmara Brasileira do Livro, SP, Brasil)

Vieira, Márcio Infante, 1922-
o aquário moderno : peixes tropicais / Márcio Infante Vieira. -- 3. ed. atual. -- São Paulo : Prata Editora, 2007

Bibliografia.

1. Aquários 2. Peixes de aquário 3. Peixes tropicais I. Título.

07-1769 CDD-639.34

Índices para catálogo sistemático:

1. Aquários : Piscicultura 639.34
2. Peixes de aquário 639.34
3. Peixes tropicais : Criação em aquários 639.34

Prata Editora e Distribuidora Ltda.
prataeditora@hotmail.com

Todos os direitos reservados ao autor, de acordo com a legislação em vigor. Proibida a reprodução total ou parcial desta obra, por qualquer meio de reprodução ou cópia, falada, escrita ou eletrônica, inclusive transformação em apostila, textos comerciais, publicação em websites, etc., sem a autorização expressa e por escrito, do autor. Os infratores estarão sujeitos às penalidades previstas na lei.

Impresso no Brasil / Printed in Brasil

S U M Á R I O

INTRODUÇÃO

Indiscutivelmente o Brasil é o país mais rico em peixes de água doce, inclusive ornamentais. Basta citar a fabulosa Bacia Amazônica, o maior celeiro do mundo em peixes tropicais.

Embora tenhamos essa posição privilegiada, a aquariofilia brasileira ainda não se desenvolveu como deveria, embora possuamos todo o necessário para sermos um dos países mais adiantados nesse setor: a maior e mais bela coleção de peixes ornamentais; um clima propício, por sua elevada temperatura média durante praticamente todo o ano, em quase todo o território nacional; alimentação farta e fácil de ser obtida, etc.

O nosso objetivo, ao lançarmos "O AQUÁRIO MODERNO – PEIXES TROPICAIS" é o de, embora com uma pequena parcela, concorrermos para a difusão dessa nobre, útil, educativa e saudável atividade, para que a aquariofilia brasileira se torne uma das maiores e mais avançadas do mundo.

Aproveitamos para prestar nossas homenagens àqueles aquariófilos "da velha guarda", que há anos vêm lutando pela aquariofilia brasileira e aos novos, a quem já devemos gratidão por seu entusiasmo, dedicação e grandes esforços em apoio a seus companheiros. Também a todas as associações de aquariofilia, as nossas homenagens.

O AUTOR

CARACTERÍSTICAS EXTERNAS DO PEIXE

PARTES DO CORPO

Para maior facilidade de compreensão, principalmente na descrição das espécies e na localização de lesões, em determinadas doenças, apresentamos uma ilustração com os nomes das partes do corpo do peixe, evitando prováveis confusões, normais nesses casos.

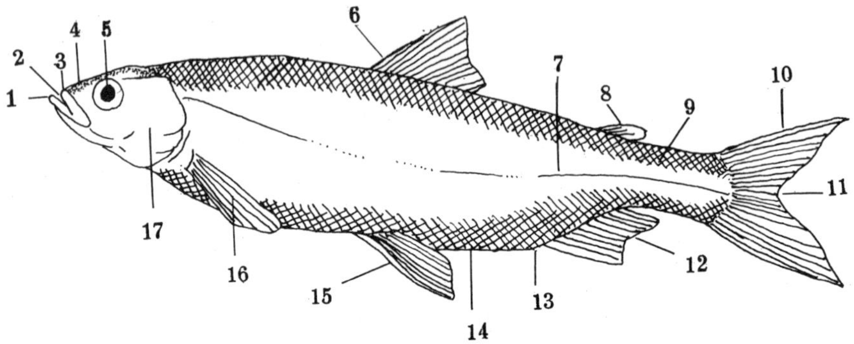

1 — lábio inferior; 2 — boca; 3 — lábio superior; 4 — narina; 5 — olho; 6 — nadadeira dorsal; 7 — linha lateral; 8 — nadadeira adiposa; 9 — pedúnculo caudal; 10 — nadadeira caudal; 11 — forquilha da cauda; 12 — nadadeira anal; 13 — ânus; 14 — ventre; 15 — nadadeira pélvica; 16 — nadadeira peitoral; 17 — opérculo.

CAPÍTULO I

AQUISIÇÃO E ESCOLHA DOS PEIXES

AQUISIÇÃO. O mais comum ou o normal é que sejam adquiridos em casas especializadas o que julgamos, inclusive, mais aconselhável, pois é nesses locais que os aquaristas, geralmente, encontram os melhores e mais sadios peixes, **pois a maior garantia do comprador está na idoneidade do vendedor** e essas casas, em geral merecem confiança.

ESCOLHA. Para facilitar aos aquariófilos, não só a escolha, mas sua identificação correta damos, no capítulo XVIII, em ordem alfabética, a descrição de um grande número de peixes tropicais com os seus nomes científicos em latim, seguidos dos nomes populares em português, espanhol e inglês.

A escolha dos peixes é de grande importância e deve ser feita após analisados vários ângulos, para evitar problemas. Quando o aquariófilo já tem o aquário, tem que escolher os peixes que se adaptem a ele, isto é, às condições da água, tamanho, plantas existentes e os peixes que lá já existem. No caso porém de ele ainda não possuir o aquário, aí, sim, poderá escolher qualquer peixe e então adaptar o aquário às condições por ele exigidas.

Existe, ainda, uma terceira hipótese: o aquarófilo receber de presente um ou mais peixes. Neste caso, se eles forem adequados ao seu aquário e "ainda houver vaga", tudo bem: caso contrário, ou ele compra outro aquário, para os recém-chegados ou então se desfaz deles, pois fatalmente trarão problemas. Assim sendo, passamos a analisar vários ítens sobre a escolha dos peixes.

GOSTO OU SIMPATIA. Gosto não se discute. Se a pessoa gostou de um peixe e quer tê-lo, basta adquiri-lo, mas lhe deve dar todas as condições exigidas para a sua vida no aquário.

SAÚDE. O aquariófilo deve examinar bem o peixe, e adquiri-lo se estiver em perfeitas condições de saúde (vêr cap. XIV).

TAMANHO. De acordo com sua preferência, a pessoa pode escolher peixes pequenos, médios ou grandes, mas sempre de acordo com o aquário em que vão ficar.

INCOMPATIBILIDADES. Quando vamos colocar mais de um peixe no aquário, devemos procurar peixes mais ou menos do mesmo tamanho, para evitar competições pela comida, comendo os menores somente as sobras deixadas pelos maiores, o que às vezes não ocorre, eles emagrecem e até morrem de fome. Outro perigo de peixes pequenos com grandes, é que estes, em geral, os devoram, como no caso dos acarás que comem os gupies.

Outro caso de incompatibilidade é o de machos adultos da mesma espécie não poderem ficar juntos (betas ou peixes-de-briga), pois se matam. Temos ainda os casos de espécies diferentes que não podem se encontrar sem que saiam brigas violentas.

TAMANHO DO AQUÁRIO. De um modo geral, devemos escolher os peixes maiores para aquários maiores.

IDADE. Os peixes mais novos, normalmente, se adaptam melhor e mais rapidamente ao aquário do que os mais velhos (maiores).

NÍVEIS DE OBSERVAÇÃO. Os peixes são para ser vistos e apreciados. Por isso, e de um modo geral, são escolhidos os de hábitos diurnos e que não ficam somente nas tocas ou atrás das pedras e plantas. Variam, também, quando à área em que normalmente nadam e podemos mesmo dividi-los, quando ao nível de água e, portanto, de observação, em peixes de **nível inferior ou de fundo**, como os cascudos, bagrinho, mandis, coridoras e abelhinha bicolor; de **nível médio**, como o mato-grosso, os tetras e os acarás em geral; os de **nível superior** entre os quais o paulistinha, a ráspora, o leeri, o malabaricus, o borboleta-de-asas pretas, o aruanã. Outros peixes, no entanto, nadam por todo o aquário, em seus **diversos níveis** como os gupies, o beijador, os molinésia, os barbos, os espadas, o tricogaster-azul etc.

CONJUNTO. Quando o aquariófilo quer formar um determinado conjunto, pode escolher peixes da mesma espécie, da mesma cor, do mesmo tamanho ou de cores variadas, mas que formem um conjunto harmonioso e bonito pois o que não falta, são os peixes adequados para qualquer arranjo que possa desejar.

CAPÍTULO II

OS AQUÁRIOS

Não são lugares apenas para colocarmos peixes, mas também peças importantes na decoração de qualquer ambiente, por mais rústico ou sofisticado que seja, porque os temos de todos os tipos, tamanhos, modelos, materiais e preços. Além disso, fazem com que as pessoas, principalmente das grandes cidades, entrem em contato com a natureza, tenham um excelente passatempo e ainda façam uma eficiente higiene mental, tão importante em nossos dias. A graciosidade dos peixinhos, o seu nadar calmo e os seus movimentos contínuos são um dos melhores calmantes.

Para as crianças, eles são, não só um divertimento sadio, mas uma escola agradável e alegre de biologia, pois aprendem o que são, como vivem e como nascem e se reproduzem os peixes, facilitando aos pais proporcionar-lhes uma orientação e uma educação sexuais de maneira normal e eficiente, sem inibições de parte a parte. Não é apenas como ornamentação que os encontramos em escolas, consultórios, clínicas etc., mas por sua utilidade terapêutica.

Além do belo espetáculo que proporciona, o aquário é, realmente, um pedaço vivo da natureza dentro de nosso lar.

LOCALIZAÇÃO. Podem ser colocados em ambientes internos ou externos, sobre móveis, pendurados ou embutidos em paredes, muros ou móveis, dividindo ambientes etc. Naturalmente os maiores sobressaem, principalmente quando bem localizados em ambientes de penumbra ou servindo de painéis. É preciso, porém, pensarmos primeiro nas suas características funcionais, de acordo com os peixes que neles serão colocados, para que eles possam aí viver nas melhores condições possíveis, mantendo-se sadios, fortes, espertos, bonitos e até se reproduzindo.

FORMAS E TAMANHOS. Podem ser retangulares, quadrados, com a frente convexa etc., mas nunca do tipo "globo de vidro", pelos graves defeitos que apresenta. Quanto maiores, melhor, porque a cama, pedras e acessórios ocupam relativamente menos espaço e permitem que neles sejam colocadas juntas, várias espécise, pois facilita a sua convivência, porque em ambientes maiores diminuem as brigas, pois muitos peixes perdem a sua agressividade e os menores fogem com mais facilidade dos grandes; a temperatura da água é mais constante; o aquecimento, a iluminação, a aeração e a limpeza se tornam mais fáceis. Para o principiante, quanto maior o aquário, melhor, porque dilui os erros cometidos.

Quanto maior a sua altura, menor será relativamente a superfície da água em contato com o ar, o que significa menor aeração, pois o ar penetra apenas em uma fina camada de água de 2 a 3mm de espessura. É por isso que aconselhamos os aparelhos de aeração, justamente para aumentar a difusão do ar dentro da massa líquida e para que, provocando ondas, aumentem a superfície da água em contato com o ar. De um modo geral, a altura deve ter a metade do comprimento do aquário, mas não ultrapassar 55 a 60cm, para que a luz penetre até o fundo e as algas e plantas cresçam melhor. Quanto mais profundo for o aquário, maior a sensação de naturalidade. O melhor é que sejam grandes, largos, baixos e do maior comprimento possível. Podemos ter aquários de 60 a 600 litros, embora possam ser menores ou bem maiores ainda, conforme o caso.

NÚMERO DE PEIXES. Devemos calcular o número de peixes, para um aquário, considerando o seu tamanho quando crescerem e não pelo seu porte na hora de serem nele colocados, para evitarmos aglomerações ou a necessidade de retirarmos alguns, para dar maior espaço para os que ficarem. É necessário controlarmos a nossa vontade de "encher" o aquário, provocando um superpovoamento, sempre prejudicial. Quanto mais água por peixe, melhor, pois isso significa mais saúde, menos doenças e peixes mais bonitos. Para calcularmos o número de peixes para o aquário, devemos tomar por base a sua área de superfície da água, colocando de 12 a 22cm^2 para cada peixe, dependendo das condições da água, temperatura etc. Os laberintídeos, consomem a metade do oxigênio exigido pelos outros peixes. Uma boa aeração, aquário bem plantado, livre de matérias em decomposição e trocas constantes de água, aumentam a capacidade do aquário.

VOLUME DE ÁGUA. Para sabermos, de maneira simplificada, quantos litros de água cabem em um aquário, basta multiplicarmos o seu comprimento pela largura e o total, pela altura. Depois é só dividir por 1.000 e teremos o resultado em litros. Para um aquário de 70cm de comp., 40 de larg. e 40 de alt. teríamos: 70 x 40 x 40 = 112.000 ÷ 1.000 = 112 litros.

Sobre esse total, devemos deduzir 20% pelo espaço ocupado pela cama etc. e porque não o enchemos até à borda. Portanto, sua capacidade real é de 89,60 litros de água.

AQUÁRIOS MONOBLOCOS. São inteiriços, moldados em uma peça única. Podem ser de vidro, plástico, acrílico ou fiberglass.

AQUÁRIOS COM ARMAÇÃO. As armações são em geral cantoneiras de aço, aço inoxidável, ferro ou alumínio, mas sem contato com a água. Cobre, zinco e outros metais devem ser evitados, por serem mais perigosos. Devem ser soldadas e não armadas com arrebites ou parafusos. Seu uso diminuiu muito.

AQUÁRIOS SEM ARMAÇÃO. São os mais usados depois do aparecimento de resinas ou colas de alta resistência e à prova d'água, como as de silicone. Podem ser de vidro ou acrílico.

AQUÁRIOS DE ALVENARIA. Usados para tamanhos maiores e características diferentes, em locais especiais como jardins, grutas etc. São de tijolos, massa e cimento, além do vidro para o visor. O cimento não deve ser "queimado" pela pá do pedreiro, mas apenas alisado com a alisadeira de madeira. Antes de serem usados, devem ser bem lavados com água, mantidos cheios alguns dias e depois lavados para serem eliminados todos os detritos.

AQUÁRIOS DE ESTILO. Constam do aquário propriamente, isto é, do recipiente com a água, os peixes etc., sua base e as peças para ornamentá-lo, dando-lhes o estilo de móvel desejado: moderno, colonial, barroco, etc.

AQUÁRIOS DE FIBROCIMENTO. São adaptações de caixas d'água moldadas em uma só peça e que, após uma pintura interna com tinta epox, servem para depósito de peixes, mais como tanque. Para melhorar suas características, usando-as como aquários, é necessário abrir uma "janela" em um dos seus lados e nela colocar um vidro, como visor.

TAMPA PARA AQUÁRIOS. Todo aquário deve ter uma tampa para evitar que os peixes caiam dele, sejam retirados indevidamente ou "pescados" por crianças ou gatos. Serve ainda para a sua proteção contra predadores e a poluição geral ou do ambiente em que se encontra, como salas com fumantes, quando estão sendo usados inseticidas etc. Pode ser de vidro, acrílico, plexiglass, madeira etc., ou então de tela de náilon ou pano. Sendo de tela ou perfurada, o aquário deve ser coberto por um pano ou plástico, quando houver um perigo eventual de contaminação, como por exemplo durante pulverizações de inseticidas. Quando de vidro, a tampa pode ter 3 a 4mm de espessura.

AQUÁRIO DE QUARENTENA. É usado para peixes recém-chegados, pois não devem ir diretamente para o aquário principal, porque podem estar com alguma doença incubada, transmitindo-a aos outros peixes. Pode ser um aquário de 50 ou 60 litros, cama de seixos, filtro biológico etc. É aconselhável colocar permanganato de potássio na sua água. O peixe deve aí permanecer durante 8 a 10 dias, sendo transferido, se não apresentar nenhuma anormalidade.

AQUÁRIO HOSPITAL. Destina-se a peixes doentes e pode ter as mesmas características que o de quarentena.

Nas mudanças de aquário, a temperatura da água deve ser 1 ou 2°C mais alta no aquário para o qual vai o peixe. Essas mudanças devem ser feitas de preferência à noite, para os peixes se acalmarem durante esse período.

SEPARADORES. São pequenos aquários ou mesmo vidros de boca larga, utilizados para separar machos de certas espécies, como os betas, porque não podem permanecer juntos, quando adultos, e devem ser separados individualmente.

A QUE ALTURA, ONDE E COMO COLOCAR OS AQUÁRIOS. São para serem admirados, mas com certo conforto para o espectador. Por isso, não devem ficar altos demais obrigando a pessoa a levantar muito a cabeça ou então muito baixos, forçando-a a baixar-se. O melhor é colocar a parte média do aquário na altura dos olhos de uma pessoa de altura mediana. São postos em geral sobre mesinhas, estantes ou armários, mas é importante que não o sejam, NUNCA, sobre aparelhos eletrônicos como televisores, conjuntos de som etc. É necessário que fiquem bem firmes e nivelados na posição correta, mas em locais abrigados dos ventos e de muita luz, principalmente solar, mas que não sejam muito isolados ou tranqüilos demais e sim em lugares mais movimenta-

Trichogaster trichopterus macho.
Foto - Cães & Cia.

T. trichopterus dourado macho.
Foto - Cães & Cia.

Betta splendens fêmea.
Foto - Cães & Cia.

T. trichopterus fêmea.
Foto do Autor.

B. splendens macho azul.
Foto - Cães & Cia.

Betta splendens. Macho vermelho.
Foto - Cães & Cia.

Poecilia reticulata (lebiste) - Arlequim macho.
Foto - Cães & Cia.

P. reticulata - cobra macho.
Foto - Cães & Cia.

P. reticulata. Fêmea preta.
Foto - Cães & Cia.

P. reticulata. Macho preto.
Foto - Cães & Cia.

P. reticulata. Macho dourado
Foto - Cães & Cia.

P. reticulata. Outra variedade.
Foto - Cães & Cia.

dos, para que os peixes se acostumem e não se assustem toda vez que ouvem barulhos ou que uma pessoa deles se aproxime.

NÍVEL DO AQUÁRIO. É preciso que o aquário fique bem nivelado, não só por questões estéticas, para que a superfície da água fique paralela às suas bordas, mas também para evitar que seus vidros, por pressões irregulares, se trinquem. Para isso, podemos usar um nível de pedreiro ou uma borrachinha cheia de água. O melhor é que sejam colocados sobre bases especiais para eles, como mesas, estantes, armações, colunas, etc., bem reforçadas, se preciso com travas, para evitar abaulamentos, com o conseqüente trincamento do fundo, pela pressão interior, vibrações e trepidações da rua com a passagem de veículos pesados etc.

O PESO DO AQUÁRIO. Quando formos instalar um aquário, devemos verificar se o lugar (base) em que vai ficar, agüenta o seu peso. Por isso, é preciso sabermos o seu peso total com a água, peixes, acessórios etc., para evitarmos um acidente. Devemos verificar, também, a resistência do piso sobre o qual vai ficar o conjunto, para que não haja afundamentos de assoalhos, principalmente quando se tratar de apartamentos. Assim sendo, podemos calcular que um aquário de 100 litros pese, em média, 120 a 140kg., dos quais 100 para a água. Outra precaução importante, antes de escolhermos o tamanho do aquário, é verificarmos se ele poderá passar pelas portas, janelas ou elevadores, para evitarmos o que já tem acontecido: depois de pronto ou comprado, não entra na casa ou apartamento, deixando um aquariófilo frustrado.

OS VIDROS PARA AQUÁRIOS. Sua escolha é importante, porque eles terão que servir de estrutura e ainda resistir à pressão da água e aos pesos da água, dos aparelhos, da cama etc. Quanto maiores as dimensões do aquário, maior deverá ser a espessura dos vidros, sendo levadas em consideração a sua qualidade e a sua resistência (ver tabela à pág. 51). Os vidros do fundo devem ser 2 a 3mm mais grossos do que os dos lados. A tampa pode ser de 3mm para os menores e de 4mm para os maiores.

CONSTRUÇÃO DE AQUÁRIOS. O melhor é adquiri-los em casas especializadas, pois são fabricados por especialistas e, por isso são de boa qualidade e bem construidos. Damos, no entanto, uma orientação de como construi-los com ou sem armação.

AQUÁRIOS COM ARMAÇÃO. A armação é em geral, de cantoneira de metal, soldadas e não com parafusos ou arrebites. Os vidros já cortados dos tamanhos exatos, são fixados com massa especial, em seus respectivos lugares. Não usar massa de vidraceiro, porque é tóxica para os peixes. Feito isso, limpamos bem o local com álcool e depois colocamos fitas adesivas nas beiradas dos vidros, deixando livres apenas as superfícies a serem coladas. Passamos uma cola ou resina especiais como as de silicone, deixamos secar, lavamos bem o aquário e ele estará pronto para ser usado.

AQUÁRIOS SEM ARMAÇÃO. São necessários 5 vidros já cortados nos tamanhos certos e esmerilhados, sendo o do fundo 2 a 3mm mais grosso do que os dos lados. Devem ser limpos com álcool, principalmente para tirar as gorduras. Procedemos da seguinte maneira: armamos o aquário, colocando os vidros em seus respectivos lugares, presos com fitas adesivas; passamos a cola de silicone nas juntas, para que fiquem bem colados uns nos outros, deixamos secar, lavamos bem e o enchemos de água, para verificarmos se há algum vazamento, para o vedarmos com a cola, e ele estará pronto para ser usado.

Aquário de vidro sem armação com calha de iluminação.

Mar Vermelho Aquários - SP • Proprietário - Ricardo Dias

CAPÍTULO III

A ÁGUA

Os peixes não podem viver em qualquer água, sendo classificados em **peixes de água doce** e **peixes de água salgada**, embora muitos vivam em **águas salobras** e outros possam ser adaptados a uma ou outra dessas águas ou passem parte de suas vidas em uma e depois em outra delas. Por isso, é necessário conhecermos a qualidade da água para que possamos controlá-la, de acordo com os peixes nela colocados. Estudaremos, a seguir, cada uma das características exigidas para as diversas espécies.

ACIDEZ OU pH. O grau de acidez ou salinidade é simbolizado pelo pH, quanto à concentração de ions livres de nitrogênio. Para medí-lo existe uma escala de 0 a 14 graus. O pH 7 representa o neutro, os valores menores acidez e os superiores a 7, a alcalinidade. Quanto mais sais, mais alcalinas as soluções, como é o caso das águas do mar, em geral com pH 7,3 a 7,9, sendo ligeiramente alcalinas, as dos rios são de ácidas a neutras, com pH de 4,5 a 7 e a das chuvas ligeiramente ácida, com pH 5,8. O pH aumenta durante o dia, devido ao acúmulo de gás.

Água ligeiramente alcalina, com pH 7 a 7,4 significa excesso de algas, depósito calcáreo sobre as pedras e nos tubos de ar, plantas com crescimento acima do normal etc. **É esverdeada** e tem cheiro característico orgânico. Quando **alcalina,** com pH acima de 7,4, significa parada de crescimento das plantas, água **muito turva,** cheiro típico de decomposição orgânica, espuma ou nata na superfície e feridas cutâneas nos peixes. **Água ácida,** com pH menor que 6,8 é **amarela** e significa fundo cheio de resíduos orgânicos em decomposição, plantas fracas e folhas amarelas. Para baixar a acidez, trocar parcialmente a água, usar bicarbonato de sódio ou então colocar pedaços de mármore, cascas moídas de ovos, conchas ou outros materiais calcâreos. Para manter a acidez, usar bifosfato de sódio monobásico ou ácido tânico. Quando aparecerem algas azuis (cianofíceas), o melhor é manter um pH de 6 a 6,8 (água um pouco ácida). Outra providência para controlar a acidez é sifonar o fundo do aquário, para eliminar as matérias orgânicas e detritos, usando o **sifão** que é um tubo fino com o comprimento de 3 vezes a altura do aquário. Uma das pontas é colocada no local a ser sifonado e, com a outra na boca, aspiramos a água, junto com a qual vêm os detritos. Devemos ter cuidado para não engolirmos a água, retirando rapidamente o tubo da boca, logo que percebermos que ela já vem pelo tubo. Para evitar esse perigo, podemos colocar, dentro do cano, uma buchinha de algodão, mas sem apertarmos muito e a uns 5 cm da sua saída. Existe um aspirador para isso, nas casas especializadas. Quando necessário, podemos substituir 1/4 da água, de 2 em 2 meses. Substituir a perdida por evaporação é importante para manter em boas condições a água do aquário. Podemos calcular que a evaporação, embora varie, seja de 1 a 3% ao mês. De 4 em 4 ou de 5 em 5 anos, devemos esvaziar totalmente o aquário, desinfetá-lo e a todos os seus acessórios, substituindo toda a água, devido ao gás metano e à amônia que se formam. Quando começam a sair borbulhas da cama, é sinal de que estão sendo formados gases, por putrefação de matérias orgânicas.

COMO MEDIR O pH. Há vários métodos, inclusive o elétrico, mas que exige aparelhagem especial. O mais prático e barato é com o papel de Tornassol que, quando mergulhado na água, passa a **vermelho** quando a água é ácida, a **azul** quando alcalina e à **violeta**, quando neutra, embora não acuse o grau do pH da solução. Outro processo é o do **papel azul de bromotimol** que, mergulhado na solução fica **azul** se ela for alcalina, **verde** quando é neutra e **amarelo**, quando ácida. Basta depois comparar a cor do papel com a de uma escala que o acompanha. Também o dióxido de carbono produzido pelos peixes e as matérias orgânicas em decomposição e não absorvidas pelas algas vão, embora lentamente, tornando a água cada vez mais ácida. Os peixes vão perdendo o apetite, se intoxicam, adoecem e são atacados por parasitas. Devem ser evitadas sobras de alimentos, para que não se decomponham, aumentando a acidez da água. Quando as plantas estão bonitas, é sinal de que a água está boa.

DUREZA. O pH é a medida dos ions livres de nitrogênio na solução, enquanto que a DH (Deutsch Hardness) ou dureza é a medida dos sais minerais nela dissolvidos, principalmente os de cálcio e magnésio. As águas muito moles ou muito duras podem causar sérios danos aos peixes e às plantas. Seus efeitos, no entanto, podem ser a médio ou longo prazos, sendo sentidos, muitas vezes, quando não mais há jeito para neutralizá-los. Por isso, devemos controlar regularmente a DH, o que é fácil, pois existem estojos especiais para isso, encontrados nas casas especializadas e cuja técnica é simples e vem bem explicada nas "Instruções" que os acompanham. Quanto mais sais contiver, mais **dura** é a água e quanto menos, mais **mole** ela será. É por isso que, quando a água dura evapora, deixa uma faixa esbranquiçada em volta de todo o vidro do aquário. A medida da DH é feita em graus, valendo um grau alemão, 10 mg de sais por litro de água, sendo a leitura feita pela escala a seguir.

0 a 44 DH	muito mole	12 a 18 DH	dura
4 a 8 DH	mole	18 a 30 DH	muito dura
8 a 12 DH	meio mole	30 ou mais graus	excessivamente dura

Na Alemanha, 1.° DH equivale a 18 ppm (partes por milhão) de carbonato de cálcio em 1 litro de água; na Inglaterra, 10 ppm em 0,71 de água e nos Estados Unidos, 1 ppm por litro de água. Um grau DH alemão equivale a 18 DH americanos, sendo considerada boa, a água com 100 DH americanos. Damos, também, uma escala em DH americanos.

0 a 72° DH	muito mole	220 a 360 DH	dura
72 a 144° DH	mole	360 a 720	muito dura
144 a 216° DH	semi-dura	720 a 1.080	excessivamente dura

Temos outra tabela em "Partes por milhão".

abaixo de 50ppm	mole	150 a 250ppm	meio dura
50 a 100ppm	muito mole	250 a 350ppm	dura
100 a 150ppm	ligeiramente dura	350 para cima	muito dura

Tanto a água mole quanto a dura fazem mal, devendo ser corrigidas, de acordo com os peixes nelas existentes. Quando é elevada, lançamos mão do carvão ativado ou da movimentação da água, ou então juntamos água destilada (50% no máximo), água da torneira, descansada para perder o cloro, a água do gelo acumulado nos congeladores das geladeiras domésticas etc., todas, no entanto, apenas para fazer a DH chegar ao nível desejado. Para aumentar a DH, devemos usar bicarbonato de sódio, mas essa operação deve ser realizada lentamente, em 5 a 7 dias, para que peixes e plantas não "sintam" ou tenham um choque.

Filtro externo tipo canister - com filtragem química, biológica , mecânica e ultra-violeta.

Mar Vermelho Aquários - SP • Proprietário - Ricardo Dias

Filtro externo de parede - filtragem biológica, química e mecânica.

Mar Vermelho Aquários - SP
Proprietário - Ricardo Dias

Aquecedor com termômetro e termostato.

Mar Vermelho Aquários - SP • Proprietário - Ricardo Dias

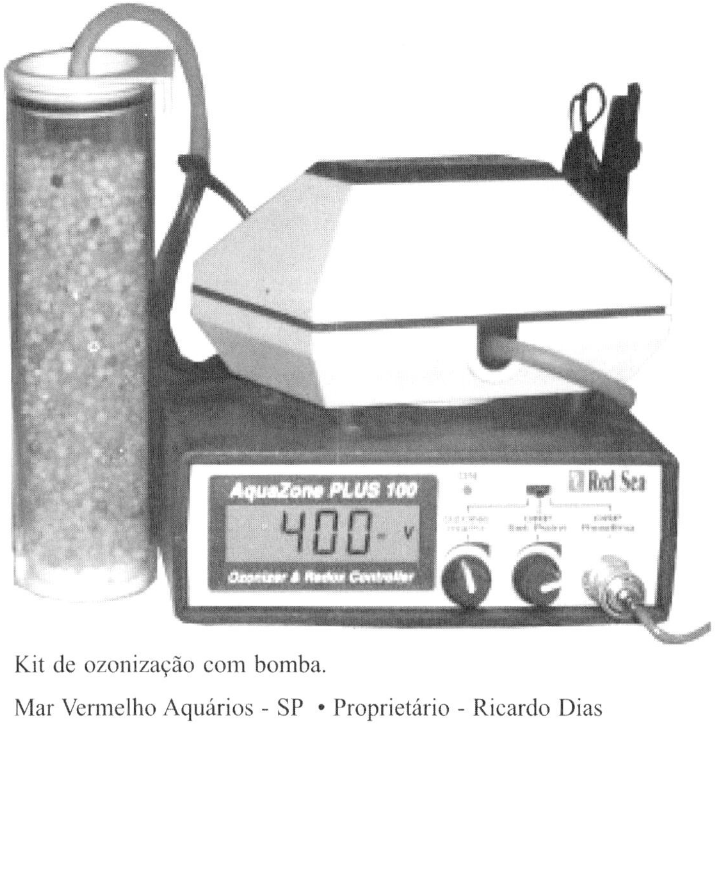

Kit de ozonização com bomba.

Mar Vermelho Aquários - SP • Proprietário - Ricardo Dias

COMO MEDIR A DUREZA. Medir a dureza da água (DH), é um dos procedimentos de teste mais importantes para os aquaristas, pois se os níveis estiverem inadequados, todos os peixes do aquário poderão sofrer as conseqüências. Para isso, existem no mercado estojos ou kits especiais, com todas as instruções necessárias para procedermos os testes de medição da dureza da água. Na escala de medição de dureza, Deutch Hardness (DH), que vai de 1 a 15, quanto maior o valor, maior a dureza da água, ou seja, maior a quantidade de sais e carbonatos.

Os kits de medição estão disponíveis para compra em todas as lojas de aquarismo e são de fácil utilização. Os produtos encontrados nas lojas podem medir a dureza geral (GH) e a dureza de carbono (KH). A dureza geral é relacionada especialmente às quantidades de cálcio e magnésio, enquanto que a dureza de carbono é indicador dos níveis de carbono na água.

AMÔNIA. É o primeiro produto não orgânico da decomposição bacteriana. Oxidada pela Nitrosomona (bactéria), produz o nitrito, enquanto a Nitrobactéria o oxida, transformando-o em nitrato, que marca o fim da decomposição do nitrogênio orgânico. Todo esse processo só se realiza quando há oxigênio suficiente. Caso contrário, ele pode se realizar de maneira completamente diferente, como a decomposição das proteínas produzindo aminoácidos os quais são, mas agora só parcialmente, desdobrados em amônia, ácidos graxos e ácido carbônico. Alguns aminoácidos sofrem decomposição por bactérias anaeróbias e produzem certas substâncias como hidrogênio sulfídrico, indol e skatol, todos dão cheiro, mas os dois últimos são os responsáveis pelo mau cheiro resultante desse processo de decomposição (fermentação). Quando isso ocorre, a água pode ficar muito tóxica, mas não há perigo de fermentação anaeróbica, se houver uma boa aeração. Pequena quantidade de oxigênio ou condições anaeróbicas não ocorrem somente na água, mas com mais freqüência na cama, nos filtros, sob pedras, dentro de conchas de caramujos e em outros locais em que a água fique parada. É possível que também sob condições anaeróbicas, a produção de grandes quantidades desses produtos possa, em curto prazo, produzir concentrações tóxicas de fenóis. Outra possibilidade é a de que o nitrato sofra uma redução para amônia, com a produção intermediária de alguns compostos altamente tóxicos como o nitroxyl e provavelmente a hidroxylamina. Parece que a redução de nitrato em amônia é muitas vezes interrompida durante o processo. Algumas substâncias formadas durante o processo de decomposição nada mais são do que produtos instáveis, desaparecendo rapidamente na água. Em concentrações mais fortes, eles podem se tornar nocivos durante sua existência. Entre eles, podemos citar os fenóis, algumas aminas, amônia e nitritos. Sob condições anaeróbicas, no entanto, a amônia pode se acumular rapidamente, quando há um súbito aumento do grau de decomposição da matéria orgânica e esta, combinada com a amônia que os animais do aquário normalmente excretam, pode destruir todo o sistema. Quando a amônia fica muito acumulada, dificulta a oxidação do nitrito em nitrato. Quando é de 0,2 a 0,3 mg/l, os peixes mais sensíveis podem apresentar problemas respiratórios, mas sendo de 1 mg, pode ser mortal. Os primeiros sintomas de intoxicação por amônia são respiração acelerada, embora isso possa ter outras causas como falta de oxigênio, excesso de gás carbônico, parasitas, etc. A toxidade da amônia varia, não só de acordo com o seu nível presente, mas também com o teor de oxigênio ou o excesso de anidrido carbônico (saturação) e atinge mais cedo algumas espécies do que outras e os jovens antes dos mais velhos.

Um pH baixo, ao redor de 7, é uma defesa contra a amônia, nos aquários de água doce. Nos aquários de pH baixo, a troca da água ou a correção do pH por meios químicos, pode converter compostos não tóxicos de amônio, em amônia. Por isso, essas operações devem ser feitas aos poucos e não abrutamente. Os cuidados devem ser tomados nos aquários novos, nos quais a água ainda não estiver estabilizada. Às vezes, mortes súbitas de peixes, estando os outros bem, podem ser causadas pela amônia. 20 mg de nitrito por litro é perigoso para os peixes e, menos do que isso, para os invertebrados. Para controlar a amônia existem estojos especiais, com as devidas instruções.

DENSIDADE E DENSÍMETRO. A densidade é outro fator importante, pois ela pode revelar o grau de salinidade da água, evitando problemas inerentes a esse fator ligado diretamente ao pH. Para medi-la existe o **densímetro,** aparelho simples e de fácil manejo e que deve ser calibrado para água doce. A densidade varia com a temperatura, número de peixes, limpeza, maior ou menor quantidade de excrementos, decomposição de matérias orgânicas, etc. O seu controle é importante, pois ela pode atingir níveis prejudiciais a peixes e plantas. O densímetro deve ser usado, pelo menos de 2 em 2 meses. Aumentando a densidade ou o nível da água baixando, por evaporação e sendo necessário completá-la, devemos usar água destilada, água da chuva (colhida meia hora depois do seu início) ou mesmo da torneira, bem limpa e descansada 48 horas para perder o cloro, prejudicial aos peixes. Para maior facilidade de leitura, para o densímetro não ficar balançando, colocamos dentro da água um tubo largo com as duas extremidades abertas em pé e dentro dele colocamos o densímetro. A leitura deve ser feita pelo nível da água e não pela altura da água encostada no aparelho. Para facilidade de controle, devemos marcar, no vidro do aquário, os níveis normais da água e o de troca de rotina, quando substituimos 1/3 ou 1/4 da água, por água nova.

A COR DA ÁGUA. Quando a colocamos no aquário, ela deve ser bem limpa, clara, cristalina e, naturalmente, com as características químicas e biológicas, de acordo com os peixes que serão postos nela. Ela, porém, sofre alterações em sua cor e esta revela a causa dessas modificações, permitindo ao aquarista corrigir as falhas e melhorar suas condições, pois quando no aquário, a água sofre uma série de reações físicas, químicas e biológicas. É por isso que não devemos colocar logo os peixes, antes de 2 a 3 semanas, para que ela "amadureça".

Dois ou três dias depois de cheio o aquário, a água vai ficando turva e leitosa, devido principalmente à grande proliferação das bactérias. Uns dias mais e notaremos que ela se tornou novamente cristalina e transparente, continuando assim, desde que receba os cuidados necessários. Assim sendo, e de acordo com a sua cor, podemos saber o que está acontecendo com a água.

ÁGUA CRISTALINA. É a que devemos manter no aquário, pois significa que tudo está bem (pH, DH, etc.) e que os peixes estão em boas condições. Há um pequeno depósito de algas sobre as pedras, plantas e vidros. Para mantê-la assim, devemos usar filtros.

ÁGUA TURVA. Essa coloração é causada por excesso de matérias orgânicas como excrementos, o que provoca um grande aumento no número de bactérias. Neste caso, devemos sifonar o fundo do aquário para retirar os detritos e, se preciso, diminuir o número de peixes quando houver aglomeração. O uso do filtro é importante. Não devemos substituir a água, mesmo que parcialmente, pois isso iria aumentar o número de bactérias. Para colocarmos água da torneira, devemos deixá-la descansar 48 horas.

ÁGUA MARRON. Significa pouca iluminação, falta de oxigênio ou insuficiência da função clorofiliana, o que provoca o crescimento de algas marrons (feofíceas). Uma boa iluminação resolve o problema.

ÁGUA VERDE. É produzida por algas verdes microscópicas, benéficas, servindo para alimentação de muitos peixes. Quando em excesso são prejudiciais, não só quanto ao aspecto do aquário, mas também porque respiram oxigênio, competindo com os peixes. Além disso, quando morrem em grandes quantidades, sua decomposição provoca a formação de gás carbônico, muito mais prejudicial aos peixes do que a deficiência de oxigênio, pois os intoxica rapidamente. Nesse caso, a providência a ser tomada é a diminuição da luz e a limpeza dos vidros. O uso de uma capa azul no aquário, diminui o crescimento das algas verdes.

TEMPERATURA. Os peixes podem ser de **água fria,** de **água temperada** e de **água quente** ou **tropical.** Temos, portanto, **aquários de água fria (10 a 18°C); de água temperada (18 a 22°C)** e de **água quente** ou **tropical (25 a 28°C ou mais).** A temperatura é um fator da mais alta importância e deve ser regulada de acordo com as espécies existentes, porque o metabolismo ou ritmo de vida dos peixes é mais ou menos acelerado, de acordo com a temperatura da água, sendo tanto mais rápido quanto mais alta a temperatura. Os peixes comem mais, crescem mais e são mais precoces, reproduzindo-se mais cedo. De um modo geral, os maiores consumos de alimentos e de oxigênio acontecem a 27°C.

Em seu ambiente os peixes se adaptam às oscilações de temperatura, mas devemos evitar as bruscas, porque podem afetá-los seriamente, causando-lhes inclusive afecções da bexiga natatória e problemas de equilíbrio. As mudanças de temperatura devem ser lentas, não mais de 3°C por hora, para menos ou 8°C para mais, pois variações bruscas de 2 a 3°C podem causar choques e doenças. Quanto mais velhos os peixes, menos resistentes a essas variações. As alterações entre o dia e a noite também não devem ser grandes, podendo oscilar entre 3 e 4°C.

Para peixes tropicais, devem ser de 22 a 28°C. As abaixo de 17°C podem ser fatais para algumas espécies, mas também as mais altas podem das problemas, pois há peixes que morrem quando a temperatura sobe apenas alguns graus acima das que lhes são normais. Quanto menor o aquário, mais rápidas são essas variações.

TERMÔMETROS. Servem para medir a temperatura da água, sendo indispensáveis em um aquário. Os tradicionais, de vidro, com uma coluna de mercúrio, ficam dentro do aquário e cumprem bem o seu papel de mostrar a temperatura com boa precisão. Os melhores e mais utilizados são os termômetros digitais, que podem ser encontrados nas lojas de aquarismo. Existem os aparelhos simples, que apenas medem a temperatura, com um sensor que fica dentro da água e com o display externo, o qual indica a temperatura. Os termômetros eletrônicos digitais podem, ainda, ser acoplados a um termostato, que liga e desliga, quando necessário, um aquecedor ou, ainda, um resfriador de água.

AQUECEDOR E TERMOSTATO. Para obtermos temperaturas mais elevadas, temos o **aquecedor.** Como ele aquece mas não controla a temperatura, devemos ter o **termostato** que, automaticamente, desliga o aquecedor quando a água atinge a temperatura desejada e o liga quando ela cai, mantendo assim uma temperatura constante. O melhor é termos ambos acoplados, como um único aparelho. São elétricos, com uma resistência. Quando o número de aquários é grande, como nas casas especializadas, o melhor é usar um aquecedor central ou de todo o ambiente, como uma estufa, pois é mais simples, dá menos trabalho e menos despesas. O aquário pode ter uma tampa, para que a água da superfície não esfrie muito depressa.

ONDE COLOCAR O AQUECEDOR. Deve ficar perto de correntezas como das saídas dos filtros ou dos aeradores, pois facilicta a distribuição da água, mantendo a massa líquida com uma temperatura mais uniforme. Não deve ficar diretamente sobre a cama ou sob ela, pois com o correr do tempo iria ficando coberto por uma camada isolante. Esse aparelho deve ser de vidro ou outro material que não seja atacado pela água, para evitar que seja estragado ou que se formem sais tóxicos. A potência do aquecedor pode ser de 1 watt por litro, como referência, variando de acordo com a temperatura ambiente.

AQUÁRIO SEM AQUECIMENTO. No Brasil, podemos ter até aquários sem aquecimento, pois nossas condições climáticas o permitem, exceto muito ao sul ou em regiões montanhosas onde a temperatura é baixa, no inverno. Aquário sem aquecimento é aquele que não recebe calor algum de fonte artificial e que, por isso, sua água se adapta à temperatura ambiente. Só difere dos outros, porque não tem aquecedor. É preciso, porém, escolher os peixes adeuqados, como o peixe-vermelho, o paulistinha, o barbo rosado, o peixe-do-paraíso etc. Quando a temperatura cair abaixo de 10°C, devemos ligar um aquecedor.

OZÔNIO E OZONIZADOR. O ozônio é um gás produzido pela passagem da corrente elétrica através do ar, transformando o oxigênio O^2, em ozônio 0^3 com 3 átomos em cada molécula. Quando usado de maneira adequada, é benéfico nos aquários, pois tem efeito bactericida, evitando o aparecimento de doenças. É uma filtração química, porque oxida as bactérias. O tubo do ozônio deve ficar longe do fundo, para evitar a morte das bactérias úteis. Nos aquários de quarentena é de grande valia. Em doses elevadas pode ser mortal para peixes e invertebrados, devendo ser usado com cuidado, até certos níveis e nunca com outros remédios. Assim sendo, basta ligar o ozonizador 2 ou 3 vezes por semana ou apenas algumas horas por dia.

OXIGENAÇÃO. O teor de oxigênio varia de acordo, não só com a composição da água, mas também com uma série de fatores como qualidade, grau de impurezas etc... sendo da maior importância para os peixes que dele necessitam para respirar e porque está na razão inversa do teor de gás carbônico, tão nocivo para eles: quanto mais oxigênio, menos gás carbônico. A água doce a 20°C contém mais 20% de oxigênio do que a do mar; a destilada contém 8,84 ppm, enquanto que a do mar, saturada de oxigênio, com salinidade 36: 1.000, contém 7,12 ppm. O gás carbônico reduz a quantidade de globulos vermelhos e influi na respiração, sintomas esses que podem ser também causados por um pH baixo, por acúmulo desse gás, provocando “stress” respiratório em muitos peixes. Os de água doce necessitam de um mínimo de 4cc de oxigênio por litro de água. Quando expostos à água supersaturada por passagens de ar, os peixes apresentam, com freqüência , a doença das bolhas, com o aparecimento de bolhas de gás, principalmente debaixo da pele e nas nadadeiras e nas quais há nitrogênio. Vários órgãos são atingidos, o que provoca exoftalmia, perda do equilíbrio e morte. Quanto mais quente a água, menor a quantidade de oxigênio.

AERAÇÃO. Sua principal função é a de, agitando a água, facilitar o desprendimento do gás carbônico, bem como a de provocar ondas, fazendo com que aumentem a superfície de contatcto da água com o ar, aumentando a absorção de oxigênio. Esse mecanismo de trocas impede, ainda, que o gás carbônico forme uma película nas camadas superiores da água, dificultando que ela absorva, normalmentea quantidade de ar necessária. Quanto mais novos, de mais oxigênio, relativamente, necessitam os peixes. O primeiro sinal de que o oxigênio está rareando é dado pelos próprios peixes que procuram a superfície da água, ficando bem à tona, aí permanecendo com a boca aberta e esticada. “boque-jando”. Julgamos os aeradores indispensáveis em um aquário.

Os peixes tropicais, em geral, necessitam de menos oxigênio do que os de água temperada ou fria, exigindo, estes últimos muita aeração no verão. O oxigênio é necessário também para as plantas, infusórios, bactérias etc., tendo estas últimas uma função primordial que é a de transformar os detritos em matérias fertilizantes nitrogenadas. Quando essas bactérias se desenvolvem em excesso, "roubam" o oxigênio dos peixes, além de tornarem a água leitosa. Outra vantagem é que provoca a mistura das diversas camadas da água, uniformizando a temperatura da massa líquida, além de impedir a formação da "nata" na superfície e evitar a pressão gasosa acima do normal.

AERADORES, COMPRESSORES OU BOMBAS. Sua função é a de injetar ar, quer para o os filtros, quer para dissipá-lo na água, aumentando a aeração. A água absorve o ar atmosférico, naturalmente, mas somente em uma fina camada de 2 a 3mm na sua superfície e, por isso, se torna rapidamente saturada de oxigênio, sendo preciso que circule, para ser renovada e substituída por uma nova camada que também será oxigenada. Esta é a função dos aeradores: quanto mais trabalham, mais oxigenada fica a água. Existem diversos tipos de bombas e aeradores no mercado, que devem ser escolhidos, principalmente, de acordo com o volume de água do aquário, ou seja, para aquários maiores, serão necessários aeradores com maior capacidade. Além disso, existem aeradores ou bombas internas e externas. Quando a bomba é interna, em alguns casos, o funcionamento do motor pode causar um pequeno aquecimento na água, o que pode trazer problemas para os peixes. Em alguns modelos, existe a possibilidade de controlar a o fluxo de ar e o seu direcionamento dentro do aquário, o que pode tornar o processo de aeração mais eficiente. As bombas podem ser acopladas a diversos modelos de filtros e podem, ainda ser utilizadas tanto em aquários marinhos quanto nos de água doce.

CONTROLADORES ELETRÔNICOS PARA BOMBAS. Existem à venda no mercado, alguns equipamentos eletrônicos que são utilizados para o controle automático das bombas dos aquários. Com esses dispositivos, é possível programar o fluxo de vazão de água, que pode ser alta ou baixa. Ainda, o aparelho controla, automaticamente, o tempo da variação do fluxo ou paradas programadas para os horários de alimentação. Racionaliza a circulação da água no aquário.

FILTROS. O importante não é apenas colocar uma boa água no aquário, mas mantê-la sempre limpa, de boa qualidade e isenta de matérias prejudiciais. Para isso, usamos os filtros pois, sem filtragem, só há um jeito: trocar a água periodicamente o que, além de dar trabalho, ainda causa uma série de problemas para os peixes, plantas e decoração. A filtragem, provocando correntes de água, concorre para uma aeração maior e para homogenizar a massa líquida, não só em relação à temperatura, mas também à distribuição do oxigênio concorrendo, ainda, para evitar a proliferação das bactérias anaeróbias causadoras da putrefação.

Os filtros devem ser mantidos sempre em perfeitas condições de funcionamento e bem limpos, para evitar que matérias nele retidas sejam dissolvidas na água e lavadas novamente para o aquário. Por isso, devemos ficar atentos ao ponto de saturação dos elementos filtrantes, para substituí-los.

TIPOS DE FILTROS. Muitos são os tipos de filtros encontrados nas lojas de aquarismo, mas podemos classificá-los, basicamente, em internos, externos e pelo tipo de filtragem que fazem na água. Os filtros internos são os mais "tradicionais", apesar de apresentarem alguns inconvenientes.

Os filtros externos podem ser fixados à parede externa do aquário ou, dependendo do modelo, ficam totalmente afastados, ligados ao aquário somente pelas mangueiras que "puxam" a água para suas câmaras de filtragem e devolvendo-a devidamente tratada. A filtragem da água pode ser feita por tratamento químico, mecânico e biológico.

O tratamento biológico visa eliminar partículas orgânicas em suspensão na água. Essa matéria orgânica precisa ser eliminada, pois acaba por se decompor e contaminar a qualidade da água do aquário. O tratamento consiste na utilização de bactérias nos elementos filtrantes que, por sua vez, transformam a matéria orgânica em sais minerais e outras substâncias menos tóxicas que são liberadas na água, tornando-a adequada aos peixes.

A filtragem mecânica é uma operação que visa a remoção das partículas sólidas que estejam em suspensão na água do aquário. A água passa pelos elementos filtrantes que são, normalmente, lã sintética, esponjas ou cartuchos, os quais retém os elementos sólidos, deixando passar somente a água "limpa".

Além das filtragens biológica e mecânica existe, também, a filtragem química, que tem como objetivo e retirada de elementos químicos nocivos ao ecossistema do aquário. Esses compostos químicos são, na maioria das vezes, excesso de medicação, inseticidas e outros produtos. O processo de filtragem é feito por elementos filtrantes comuns, como o carvão ativado e resinas naturais ou sintéticas.

Existem diversos filtros encontrados no mercado que combinam, com eficiência, dois ou mais tipos de filtragem de água. Estes aparelhos possuem câmaras separadas, pelas quais a água passa e sofre os processos de limpeza e purificação, mantendo-a adequada para os peixes e plantas do aquário. Podemos destacar o filtro Canister, um dos mais utilizados atualmente.

FILTRAÇÃO NATURAL. Trata-se de uma boa técnica de purificação da água, devendo ser colocados, no aquário, peixes, plantas etc., formando um ambiente o mais natural possível. É usado apenas um compressor para fazer a água circular. Esta é a maneira mais simples de tratar a água e tem as vantagens de ser a menos trabalhosa e a mais barata.

FILTRO BIOLÓGICO SOB A CAMA. É barato, simples, de fácil manutenção e consiste em um filtro potente e de alto rendimento cobrindo todo o fundo do aquário, por baixo da cama. Assim, todo o fundo é filtrado, impelindo que nele permaneçam detritos, evitando a sua decomposição e a produção de gases e de outros elementos nocivos. O tipo de filtro usado neste processo consiste em uma placa do tamanho da parte interna do fundo do aquário, lisa ou corrugada, com reforços na parte de baixo e cheia de pequenos furos de 2mm, cujo número quanto maior, melhor, e que podem ser substituídos por riscos bem finos. Nela são fixados um ou mais tubos de descargas de plástico ou PVC, em geral de 2,54cm de diâmetro e cujo comprimento é determi-nado pela altura do aquário. Há ainda um outro tubo de ar, em geral fixado na base do tubo de descarga e ligado a um compres-sor mas que, para facilidade de colocação e de limpeza, deve penetrar no cano de descarga, mas por um orifício na parte de cima, atrás do "joelho" da saída da água e, seguindo por dentro do corpo do tubo vai até à sua base onde se encontra a pedra porosa, dentro desse mesmo tubo, mas que deve ficar alojada dentro de um "copinho".

.cará-bandeira. (Pterophyllum scalare).
'oto do Autor.

Oscar (Astronotus ocellatus).
Foto do Autor.

'eixe paraíso (Macropodus opercularis).
'oto do Autor.

Cribense (Pelvicachromis pulcher).
Foto - Cães & Cia.

ıbarão-de-cauda-vermelha (Labeo bicolor).
›to do Autor.

Barbo ouro (Capoeta schulberti).
Foto - Cães & Cia.

Disco marron (Symphysodon aequifasciata axelrodi). Foto do Autor.

Disco (Symphysodon discus var.) Foto - Cães & Cia.

Ituí-cavalo (Apteronotus albifrons). Foto - Cães & Cia.

Barbo sumatrano (Capoeta tetrazona). Foto do Autor.

Severo (Cichlasoma severum). Foto - Cães & Cia.

Beijador (Helostoma temmincki). Foto do Autor.

Quando o compressor funciona, uma corrente de água passa pelo tubo, sai pela sua parte superior e cai novamente no aquário, formando borbulhas que aumentam a superfície de contato da água com o ar. Essa água é puxada do espaço existente entre a placa do filtro e o fundo de vidro do aquário, passando antes através da cama e depois pelos poros do filtro (pedra porosa) e retornando ao aquário, para reiniciar o ciclo de filtração. A base do cano de descarga deve ficar bem colada e firme, presa à placa do filtro. Já o corpo e as junções, embora bem ajustados, para evitar vazamento, devem ficar macios para sairem com facilidade, para a limpeza ou substituição da pedra porosa, o que fica bem mais fácil do que quando o tubo de ar é preso por fora, à base do cano de descarga.

Há um outro tipo de filtro biológico feito de canos furados mas que não é tão eficiente (20% menos) quanto os de placas, porque entre os tubos ficam áreas mortas com forte tendência a formarem zonas anaeróbicas. Quanto mais fino for o filtro biológico de placa, melhor, devendo ter 3,5 a 7mm no máximo, de distância entre a placa e o fundo de vidro do aquário, pois quando mais grossos, permitem o desenvolvimento de bactérias que libeam um toxina mortal para os peixes. Sua capacidade de filtragem é determinado pelo volume de ar bombeado no tubo do filtro pelo diâmetro interno do próprio tubo e pelo número de tubos existentes. O aumento de qualquer desses ítens aumenta a sua potência, ocorrendo o contrário, se algum deles tiver reduzida a sua capacidade. O seu rendimento é maior, de acordo com o número de canos de descarga (saídas) e, naturalmente, a potência das bombas deve ser proporcional a esse número. Nos aquários de água doce, a filtragem deve ser leve e não rápida e forte como nos de água salgada. Quanto mais ar, melhor, pois a água deve ser bem oxigenada e não deve ficar parada em nenhum canto do aquário.

Devemos deixar claro que este tipo de filtro não é tão eficiente e indicado, como os filtros externos. Isso se deve ao fato de que, com o tempo, os aquários com filtro sob a cama acabam sofrendo um aumento nos níveis de toxinas na própria cama, tornando-se necessário a desmontagem e a limpeza completa.

FILTRO CANISTER. O Canister é um filtro externo bastante eficiente e um dos mais utilizados nos aquários. É considerado, por muitos aquaristas, o melhor filtro para aquários, em comparação com todos os outros. É utilizado tanto para aquários de água doce quanto para os aquários de água salgada.

É bastante prático, apresenta uma grande área para filtragem e atua "limpando" a água através de processo biológico, mecânico e químico. Por ser um filtro externo, apenas as suas mangueiras ocupam algum espaço dentro do aquário, o que permite melhor aproveitamento da área interna para os peixes, vegetação e peças de ornamentação. A bomba, essencial para o processo de filtragem, fica alojada dentro do próprio canister.

Além dos processos de filtragem realizados pelos filtros canister, alguns fabricantes ainda acrescentam outros elementos de purificação da água, como uma lâmpada ultravioleta interna. Desta forma, a água é "puxada" do aquário pela bomba (interna) do filtro, passa pelos elementos filtrantes e, ainda, recebe a luz ultravioleta, antes de retornar ao aquário.

Muitos aquaristas preferem criar e montar os seus próprios filtros Canister. Diversos projetos criativos e eficientes já foram criados e utilizados em todo o mundo. O objetivo desses amantes do aquarismo é obter um filtro com maior capacidade de filtragem da água, menor custo de aquisição e manutenção, além de maior facilidade para manutenção. Normalmente, estes filtros caseiros são construídos com tubos de PVC, a bomba pode ser interna ou externa (do filtro), e pode, ainda, ser colocada dentro do aquário.

Apesar do "entusiasmo" dos aquaristas mais experientes, que decidem criar seus próprios projetos, os filtros canister mais apreciados são os encontrados no comércio, prontos para serem utilizados.

COMO FUNCIONA A FILTRAGEM BIOLÓGICA. Para que o filtro biológico seja eficiente, destruindo os resíduos orgânicos e os transformando em sólidos inertes como os nitratos (não confundir com nitritos), que são aproveitados pelas plantas, é preciso que o filtro esteja "maduro", quando pelo processo natural, as colônias de bactérias se formam sobre a cama. Quanto ao tipo de respiração, as bactérias podem ser **aeróbias,** que respiram oxigênio livre, são benéficas e o seu crescimento deve ser estimulado, pois se alimentam dos detritos, fazendo assim, uma filtragem biológica e as **anaeróbias** que se desenvolvem justamente quando não há uma boa aeração e a água é pobre em oxigênio, sendo elas que, em geral, provocam as putrefações.

FILTRO ULTRA-VIOLETA. O filtro ultravioleta é uma forma auxiliar de purificação da água do aquário. Consiste em uma lâmpada ultra-violeta, cuja potência em Watts pode variar, de acordo com o volume de água a ser tratado. É eficiente, especialmente, para acabar com a "água verde".

MAIS UM PROCESSO DE PURIFICAÇÃO DA ÁGUA: AS ALGAS VERDES. Quando o aquário fica exposto à luz durante o período de maturação da água, começam a se formar as algas verdes. Quando isso acontece, esse tipo de purificação se processa normalmente. Elas são importantes porque absorvem os nitratos, facilitam o crescimento das bactérias aeróbias e ainda servem de alimento para muitos peixes.

TESTE DOS NITRITOS. Embora os peixes de água doce sejam, em sua maioria, muito mais resistentes a eles, suportando níveis elevados de até 200ppm, começam a sentir os seus efeitos, quando além de um certo nível. Já os marinhos, demonstram angústia quando os nitratos chegam a somente 10ppm. Os peixes ficam fracos, mais sujeitos à doenças e, quando a eles continuam expostos, diminuem ou perdem a capacidade de retirar oxigênio da água, morrendo asfixiados. Essa poluição pode ser evitada por muito tempo, com o uso do filtro biológico. Por isso, devemos controlar a sua presença, para o que temos o **teste dos nitritos** que mede, em miligramas, a quantidade de nitrogênio na água, bastando depois fazer a conversão, sabendo-se que 1ml de nitrogênio equivale a 3,3ml de nitrito. Existem estojos especiais com todo o material e reagentes para medir o teor de nitritos da água, bastando seguir as instruções que os acompanham.

TESTE DOS NITRATOS. Embora em pequenas quantidades sejam corpos inertes e inofensivos, passando de certos limites, poderão causar sérios problemas. O teor de nitratos depende de vários fatores e o nível de tolerância a ele, varia com as espécies. Para controlarmos os nitratos, temos estojos especiais com as instruções necessárias que os acompanham. Para reduzirmos os nitratos, devemos evitar sobras de alimentos e manter sempre um certo número de plantas, pois elas os absorvem para a sua alimentação.

TABELA DE CORRESPONDÊNCIAS DAS ESCALAS DOS TERMÔMETROS CENTÍGRADA — FAHRENHEIT — REAUMUR

Centígrado C.°	Fahrenheit F.°	Reaumur R.°	Centígrado C.°	Fahrenheit F.°	Reaumur R.°
0	32,0	0,0	51	123,8	40,8
1	33,8	0,8	52	125,6	41,6
2	35,6	1,6	53	127,4	42,4
3	37,4	2,4	54	129,2	43,2
4	39,2	3,2	55	131,0	44,0
5	41,0	4,0	56	132,8	44,8
6	42,8	4,8	57	134,6	45,6
7	44,6	5,6	58	136,4	46,4
8	46,4	6,4	59	138,2	47,2
9	48,2	7,2	60	140,0	48,0
10	50,0	8,0	61	141,8	48,8
11	51,8	8,8	62	143,6	49,6
12	53,6	9,6	63	145,4	50,4
13	55,4	10,4	64	147,2	51,2
14	57,2	11,2	65	149,0	52,0
15	59,0	12,0	66	150,8	52,8
16	60,8	12,8	67	152,6	53,6
17	62,6	13,6	68	154,4	54,4
18	64,4	14,4	69	156,2	55,2
19	66,2	15,2	70	158,0	56,0
20	68,0	16,0	71	159,8	56,8
21	69,8	16,8	72	161,6	57,6
22	71,6	17,6	73	163,4	58,4
23	73,4	18,4	74	165,2	59,2
24	75,2	19,2	75	167,0	60,0
25	77,0	20,0	76	168,8	60,8
26	78,8	20,8	77	170,6	61,6
27	80,0	21,6	78	172,4	62,4
28	82,4	22,4	79	174,2	63,2
29	84,2	23,2	80	176,0	64,0
30	86,0	24,0	81	177,8	64,8
31	87,8	24,8	82	179,6	65,6
32	89,6	25,6	83	181,4	66,4
33	91,4	26,4	84	183,2	67,2
34	93,2	27,2	85	185,0	68,0
35	95,0	28,0	86	186,8	68,8
36	96,8	28,8	87	188,6	69,6
37	98,6	29,6	88	190,4	70,4
38	100,4	30,4	89	192,2	71,2
39	102,2	31,2	90	194,0	72,0
40	104,0	32,0	91	195,8	72,8
41	105,8	32,8	92	197,6	73,6
42	107,6	33,6	93	199,4	74,4
43	109,4	34,4	94	201,2	75,2
44	111,2	35,2	95	203,0	76,0
45	113,0	36,0	96	204,8	76,8
46	114,8	36,8	97	206,6	77,6
47	116,6	37,6	98	208,4	78,4
48	118,4	38,4	99	210,2	79,2
49	120,2	39,2	100	212,0	80,0
50	122,0	40,0			

CAPÍTULO IV

A MONTAGEM DO AQUÁRIO

Deve ser feita com todo o cuidado, obedecendo a uma certa ordem. Quando usado o **filtro biológico**, ele deve ser o primeiro elemento introduzido, pois fica em contato direto com o fundo do aquário. Vêm depois as **pedras** e **todos os enfeites**, a seguir a **cama** e, sobre ela, as **plantas.** Instalamos os **aparelhos, enchemos o aquário, controlamos sua água** e o deixamos **"descançar"** 2 ou 3 semanas. **Ligamos os aparelhos** durante 3 a 5 dias para que se houver algum defeito, seja corrigido antes de os peixes serem colocados. É aconselhável que o aquário, todos os acessórios e plantas sejam bem desinfetados para que não levem nenhuma impureza, doença, parasita ou predador. Os peixes devem tomar um banho de pergamanato de potássio e os aparelhos e enfeites lavados com hipoclorito de sódio.

CAMA OU COBERTURA DO FUNDO. Todo aquário deve ter uma cobertura no fundo, composta de uma ou mais camadas de materiais diversos mas adequados, dando-se a essa camada ou conjunto, o nome de CAMA. Além de tornar o aquário mais bonito e facilitar o seu arranjo, a cama serve para fixar as pedras e os enfeites, para o plantio de diversas plantas, para o crescimento das bactérias, para esconder as pedras porosas e as tubulações de ar e ainda é um bom elemento de filtração, quando colocada sobre o filtro biológico. Tem também uma função importante na reprodução dos peixes, pois muitos deles fazem os ninhos sobre ela e outros em depressões nela escavadas onde, inclusive, abrigam seus filhotes. Alguns, têm o hábito de nela se enterrarem total ou parcialmente. Pode ser de areia grossa de rio (sílica), seixos, alguns tipos de pedras como granito e basalto, cascalho, pedras britadas etc. e até mesmo com bolinhas de gude (esferas de vidro), no caso de aquários para certas espécies cujos ovos vão ao fundo e podem ser devorados pelos "pais" ou outros peixes, mas que ficam protegidos quando caem entre elas. Esses materiais podem ser usados separados ou combinados, formando camadas superpostas, ficando os mais grossos por baixo e os mais finos, por ordem, nas camadas superiores. Só deve ser usada areia grossa para facilitar a maior fixação das plantas e a penetração de suas raízes. Quando usado o filtro biológico, o melhor é colocar uma camada de cascalho sobre ele e depois então a areia grossa, para evitar que seja por ele sugada. A cama pode ter de 3,5 a 7cm de espessura e já é um ótimo filtro. Podemos usar areias coloridas artificialmente, sem problema algum, porque emprestam um bonito colorido ao aquário, sendo encontradas em diversas cores: amarela, azul, preta, roxa, e vermelha. A cama, quando branca, tem o inconveniente de refletir a claridade vinda de cima, lançando-a sobre a parte inferior das folhas, prejudicando e até matando as plantas. Ela não deve ser toda na horizontal, mas sim inclinada para a frente, quando o aquário tiver uma só frente de observação e mais alta na linha mediana, no sentido longitudinal, inclinando-se para os dois lados, quando o aquário tiver duas frentes de observação. Realmente, a cama não é indispensável em todos os aquários como por exemplo nos usados para depósitos ou de exibição, embora seja sempre aconselhável o seu uso. Não devemos colocar terra, matérias orgânicas fertilizantes ou outros materiais na cama, pois são prejudiciais, poluindo a água. Não devem ser usadas, também, areias com teores de certos metais, areias monazíticas ou radioativas, pois causariam problemas.

ORNAMENTAÇÃO E EFEITOS DECORATIVOS. O aquário é um elemento de grande valor ornamental podendo figurar com destaque, em qualquer ambiente, por mais rústico ou sofisticado que seja. Naturalmente isso depende da sua escolha e de sua ornamentação, de acordo com o gosto da pessoa que o montar. Não há normas rígidas havendo, porém, elementos indispensáveis para dar as condições necessárias para os peixes, não só sobreviverem, mas para que tenham um mínimo de conforto e possam até se reproduzir. Daremos uma orientação para que mais fácil se torne ao aquariófilo montar o seu aquário, já alertado para os problemas que encontrará e como resolvê-los. Para isso, vamos dividir a matéria em vários itens.

PEDRAS. São elementos decorativos, necessárias para darmos um toque natural ao aquário e ao mesmo tempo para que alguns peixes nelas se abriguem ou se reproduzam. Nem todas, porém, podem ser usadas, como as radioativas, as que contenham metais como cobre, zinco, chumbo, alumínio etc. porque, em contato com a água, formam sais tóxicos para deixes e plantas. Já as calcáreas e o mármore, alteram o pH da água e a tornam mais dura e alcalina. Aconselhamos as de quartzo. Não devem ter pontas ou arestas cortantes, para evitar ferimentos nos peixes.

PLANTAS. Vêr capítulo XI.

O AR. Neste item o trataremos somente sob o aspecto decorativo, pois suas borbulhas são de grande efeito em um aquário, dando-lhe até mais vida. É necessário usarmos um tubo flexível levando ar de um compressor a uma pedra porosa, de onde ele sai sob pressão, para a água, espalhando-se como uma nuvem de borbulhas. Devemos ter os seguintes cuidados: controlar a pressão para que a corrente de borbulhas não seja muito forte; esconder o tubo debaixo da areia e junto a um dos cantos; colocar a pedra porosa sob a areia, dentro ou atrás de pedras ou entre plantas; controlar o tamanho das borbulhas para que não sejam grandes ou pequenas demais.

ILUMINAÇÃO. Vêr capítulo V.

PAINÉIS. Em vez de pintarmos de preto, o vidro de trás do aquário, podemos colocar, pela sua parte externa, painéis especiais com pinturas referentes a ambientes aquáticos, o que é de grande efeito.

OUTROS ENFEITES. Existem diversos objetos, em geral de vidro ou porcelana, como sereias, escafandros, navios, animais etc., muitos dos quais para serem acoplados aos aparelhos de aeração, servindo como distribuidores de ar. Depende do gosto do aquariófilo colocá-los ou não em seu aquário. Há, também, plantas artificiais, imitações perfeitas das naturais e outras que são apenas fantasias, das mais variadas cores.

duas frentes

uma só frente

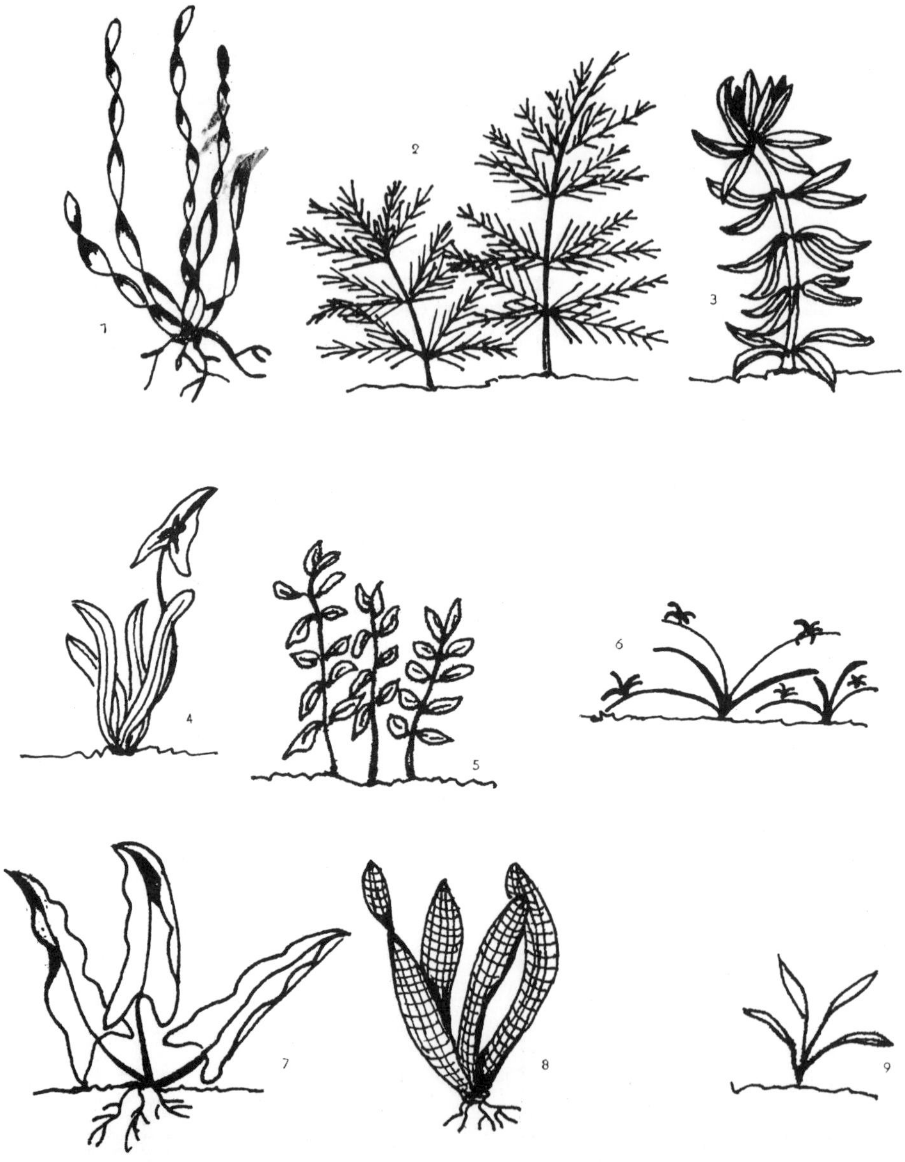

1 — Vallisneria spiralis var. tortifolia; 2 — Myriophyllum elatinoides; 3 — Elodea densa; 4 — Sagittaria latifolia; 5 — Bacopa caroliniana; 6 — Eleocharis vivipara; 7 — Nuphar sagittaefolium; 8 — Sagittaria subulata; 9 — Cryptocoryne nevillii.

CAPÍTULO V

ILUMINAÇÃO

É de grande importância, porque influi sobre a água, os animais e vegetais do aquário. Tanto a luz natural quanto a artificial concorrem para um crescimento maior das algas verdes com as quais alguns peixes se alimentam e que desempenham, também, importante função na purificação e oxigenação da água. A melhor iluminação é a natural, recebendo o aquário luz e claridade algumas horas por dia, mas não demais, porque as algas verdes crescem muito sobre a cama, prejudicando o filtro biológico, pois diminui a aeração, a filtragem e a circulação da água. A luz artificial tem vantagem de ser controlável em sua intensidade, direção e tempo de incidência, enquanto a solar é muito quente, não pode ser controlada, esquenta muita a água e as algas crescem demais. Quando queremos que elas se desenvolvam mais, como uma alimentação suplementar para os peixes, devemos usar lâmpadas adequadas. Sob o aspecto iluminação, a fluorescente é melhor do que a incandescente, porque produz uma luz uniforme, isenta de pontos brilhantes ou manchas menos iluminadas. Apresenta ainda a vantagem de realçar as cores de diversas espécies e a decoração do aquário.

A iluminação, no entanto, não deve ser nem muito intensa e nem muito prolongada, mas no máximo de 6 a 12 horas por dia, pois tanto a sua falta quanto o seu excesso podem trazer problemas. Outra grande função é permitir que o interior do aquário seja visto em todos os seus detalhes, o que pode ser realçado, ainda mais, com uma luz de tendência à cor roxa. Outras cores não devem ser usadas, principalmente a vermelha,, porque é excitante, deixando os peixes agitados, embora para alguns, seja um estímulo para a desova. Além disso, dão ao aquário, um aspecto muito artificial. Além das lâmpadas fluorescentes, as lâmpadas compactas são as mais indicadas e, realmente, uma das mais utilizadas pelos aquaristas.

LAMPADAS. Vários são os tipos e modelos de lâmpadas usadas em aquários de água doce ou salgada. Como já mencionamos, basicamente, existem as lâmpadas fluorescentes e as incandescentes. As fluorescentes produzem luz fria, pois a quantidade de calor emitida é baixa e, ainda, apresentam grandes vantagens para os aquários. Podem ser encontrados nas lojas de aquarismo, diversos tipos de lâmpadas fluorescentes, com características diferentes, produzindo variados tipos de iluminação, atendendo aos mais variados gostos ou necessidades. Damos como exemplos, as lâmpadas fluorescentes que produzem luz branca, com características semelhantes à da luz solar (Sun-Glo) e as fluorescentes com espectro luminoso azul e vermelho (Aqua-Glo), que valorizam as cores dos peixes.

As lâmpadas incandescentes, por sua vez, produzem uma grande quantidade de calor, aquecendo a água e, em certos casos, trazendo problemas para os peixes, principalmente porque acelera a produção de algas. Desta forma, a melhor opção para substituir esse tipo de lâmpada é a utilização de lâmpadas compactas (PL).

A potência das lâmpadas deve ser definida de acordo com o tamanho do aquário e o tipo de peixe que nele criarmos. As lâmpadas fluorescentes utilizadas em aquários, por exemplo, costumam ter uma potência que varia de 8W até 40W.

REFLETORES. São usados para fornecer luz e orientar o facho luminoso e a sua incidência sobre o aquário. Só devem ser ligados à noite, quando o ambiente é escuro ou quando for necessário. É preciso que sejam bem construídos e simétricos.

Não devemos acender as luzes do aquario repentinamente, quando houver escuridão, pois os peixes se assustam, mas somente 10 a 15 min depois de acesas as do ambiente. Ao apagar as luzes, devemos fazê-lo primeiro com as do ambiente e só depois as do aquário. Só há exceção para a captura com a garrafa.

LÂMPADA PILOTO. Quando, durante a noite apagamos todas as luzes do aquário e do ambiente em que se encontra, os peixes ficam totalmente no escuro e, em geral, recolhidos às suas tocas ou abrigos, para dormir. Pode ocorrer, no entanto, que um barulho súbito os assustem e eles dêm uma corrida, sem enxergar, batendo de encontro a algum obstáculo como uma pedra, o que lhes pode causar ferimentos mais ou menos sérios, como na boca p. ex.

Para evitar que isso aconteça, basta que coloquemos no aquário ou no ambiente em que se encontra, uma lâmpada azul bem fraquinha, apenas para que o peixe possa por ela se orientar.

Calha de iluminação com vários tipos de lâmpadas e sistema de exaustão, para diminuir a temperatura da superfície da água.

Mar Vermelho Aquários - SP • Proprietário - Ricardo Dias

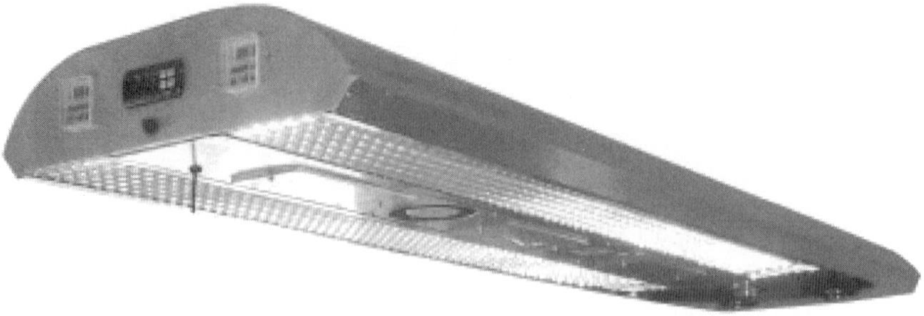

Calha de iluminação completa com vários tipos de lâmpadas, exaustores e contrôle digital de temperatura.

Mar Vermelho Aquários - SP • Proprietário - Ricardo Dias

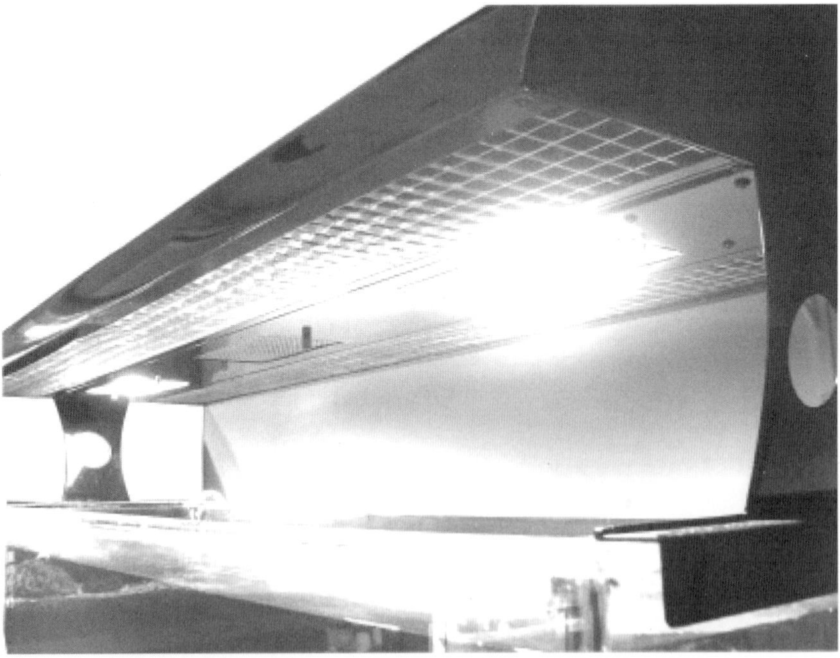

Calha de iluminação para aquários com plantas.
2 tipos de lâmpadas.

Mar Vermelho Aquários - SP • Proprietário - Ricardo Dias

CAPÍTULO VI

EQUIPAMENTOS E ACESSÓRIOS

Para um bom manejo, necessitamos de alguns materiais que nos facilitem as diversas tarefas e, entre eles, temos os seguintes.

SACOS PLÁSTICOS, usados principalmente no transporte de peixes, armazenamento e conservação, em frio, de alimentos como carne, infusórios, vermes etc.

REDINHAS. São empregadas para capturar os peixes dentro do aquário, sendo formadas por uma rede de náilon de malhas finas, presa a uma armação com um cabo. Devem ser retangulares ou quadradas, mas não redondas ou ovaes, porque não se adaptam às paredes do aquário.

PLANTADOR. Usado para a plantação no aquário, sem necessidade de o aquarista mergulhar a mão na água. Há vários modelos, todos fixando a planta e permitindo o seu plantio.

COMEDOUROS. Empregados para dar certos alimentos aos peixes, como o tubifex, controlando para que saiam aos poucos e não se espalhem muito, perdendo-se no fundo do aquário, decompondo-se, contaminando a água e baixando o seu pH.

PIPETA. É um tubo oco de vidro. Serve para aspirar detritos do fundo do aquário. Basta colocarmos sua ponta mais fina junto a eles e, com a boca na outra ponta aspiramos, saindo os detritos junto com a água. Convém colocarmos uma buchinha de algodão a uns 3 cm da ponta em que estamos com a boca, para evitar que, por descuido, engulamos a água suja.

SIFÃO. Serve para retirar os detritos do fundo do aquário, nada mais sendo do que um tubo flexível de borracha ou plástico, de

1,50 a 2 m de comp. por 1,5 a 2,5 cm de diâmetro. Uma de suas extremidades é colocada junto aos detritos e com a outra, na boca, os aspiramos junto com a água.

ASPIRADOR. Nas casas especializadas encontramos um aspirador simples e prático, para limpar o fundo do aquário, substituindo a pipeta e o sifão.

TESOURAS. São usadas para podar plantas, obter mudas, para cirurgias, para necrópsias etc, dependendo do seu tipo e tamanho.

PINÇAS. De grande utilidade, servem para o plantio, para pegar vermes (Tubifex), "caçar" caramujos, fazer curativos etc.

IMÃ. É um pequeno aparelho para remover as algas dos vidros do aquário, exceto do traseiro, que não deve ser limpo, para manter um certo nível desses vegetais. Há um tipo de imã que possui uma lâmina, sendo o melhor para a limpeza, principalmente quando as algas formam "bolinhas" que custam a sair do vidro. Devemos passar o imã 1 ou 2 vezes por semana, para facilitar a limpeza e para que o aquário esteja sempre limpo. Não devemos usar palha de aço ou esponjas de fios de metal ou lã de vidro, porque soltam pequenas partículas que podem atingir as guelras dos peixes e até matá-los.

FICHA DE CONTROLE. Julgamos que todo o aquário deva ter uma ficha para as anotações de tudo que nele ocorrer, com as respectivas datas e outros informes, como entrada e saída de peixes, medicações, doenças, trocas ou reposições de água etc. Isso evitará dúvidas e facilitará muito o manejo.

Captura com a "garrafa"

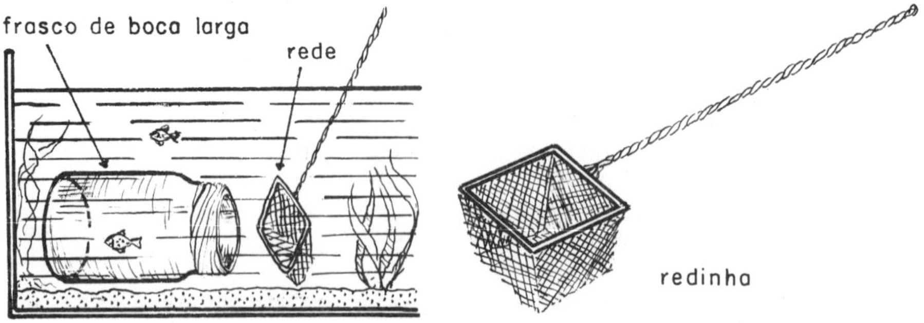

CAPÍTULO VII

ALGUNS PROCEDIMENTOS DE MANEJO

O QUE FAZER QUANDO VIAJARMOS. Podemos viajar despreocupados, pois na volta encontraremos o aquário mais bonito e mais limpo ainda do que quando partimos, desde que, antes da viagem, tomemos algumas providências simples mas eficientes, que são: a) uma semana antes da viagem, aumentar, gradativamente, a quantidade de alimentos dados aos peixes e o número de "refeições" por dia (superalimentação); b) colocar um dispositivo automático especial para acender e apagar as lâmpadas, que devem ficar acesas 10 a 12 horas por dia, para que as algas não sintam a falta de luz; c) não colocar comida em excesso, no dia da partida, pensando que os peixes vão aproveitá-la durante alguns dias, o que está errado, porque ela iria se estragar, intoxicar e até matar os peixes. Não há mesmo necessidade disso, porque eles podem ficar 20 ou mais dias sem comer, principalmente depois de alguns dias de superalimentação. Como não haverá sobras de alimentos e poucas fezes, a água do aquário se torna mais limpa e cristalina. Portanto, um aquário nunca é problema para quem queira viajar e não tenha quem fique cuidando dele.

TRANSPORTE. O método mais comum é em **sacos plásticos** com água e uma bolha de ar ou insuflados com oxigênio, na proporção de 1 parte de água para 3 a 4 de ar ou oxigênio, quando para viagens mais longas, como no caso de peixes importados que neles permanecem, às vezes, por 36 horas seguidas. Os cantos desses sacos devem ser presos com fitas adesivas ou amarrados com fios, para evitar que os peixes neles fiquem amontoados e sofram danos físicos. Podemos usar, também, **caixas isotérmicas** como as de isopor, onde são colocados a água e os peixes e nas quais podemos adaptar uma bombinha de ar, elétrica e a pilha, quando a viagem for muito longa. Essa bombinha ou compressor pode ser equipada com um motor de 12 volts, permitindo que seja ligado ao circuito elétrico do automóvel, quando for o caso, garantindo uma fonte contínua de energia, pois as pilhas se descarregam com rapidez.

COMO TIRAR UM PEIXE DO AQUÁRIO — MÉTODO DE GARRAFA. Evitamos, assim, mexer na decoração do aquário e os riscos normais dessa operação. Procedemos da seguinte maneira: 1 – colocar, no fundo do aquário, uma garrafa ou frasco de vidro ou plástico (não tóxico), sem o gargalo ou de boca larga; 2 – apagar todas as luzes do aquário e do ambiente, deixando tudo escuro pelo menos durante 4 horas; 3 – acendemos rapidamente todas as luzes para que, devido à luz súbita e intensa, o peixe fique "cego", rodando pelo aquário, embora não bata de encontro às pedras e outros enfeites, devido à sua sensibilidade; 4 – quando ele passar perto da boca do frasco, empurrá-lo com uma redinha, para dentro desse frasco; 5 – virar o frasco de boca para cima, ficando o peixe dentro dele, sem problemas. (ver pág. 46).

QUARENTENA. É o período em que o peixe fica isolado, para observação, durante um certo número de dias, para evitar que, estando com uma doença incubada, a passe para os outros peixes. Esse período varia porque cada doença tem o seu **período de incubação,** isto é, o tempo decorrido entre a penetração do seu agente causador, até o aparecimento dos seus primeiros sintomas. É uma importante medida na profilaxia das doenças.

COMO DAR BANHO EM UM PEIXE. Os banhos são uma das melhores maneiras de medicarmos um peixe. Consiste em colocarmos o peixe mergulhado em uma solução medicamentosa durante algum tempo, de acordo com a necessidade. Podem ser rápidos (20 a 30 min) ou longos, acima de 1 hora e, às vezes durante vários dias, com ou sem interrupções. Os longos são mais eficientes e mais duradouros os seus efeitos, pois os medicamentos atuam durante mais tempo. Quando o peixe muda de comportamento, fica agoniado, perde o equilíbrio, fica em posições anormais e tanta sair do aquário, deve ser retirado imediatamente do banho e colocado em água normal, de preferência ainda não usada.

COMO TRATAR FERIMENTOS. Seguramos o peixe com a mão, com todo o cuidado, de preferência pela cauda e depois, aplicamos o medicamento sobre a área do ferimento, seguindo as orientações do fabricante do medicamento.

COMO DAR MEDICAMENTO DIRETAMENTE. Pegamos o peixe e, quando ele abrir a boca para respirar, com um conta-gotas, introduzimos o medicamento. Logo que ele o engolir, deve ser recolocado no aquário.

CAPÍTULO VIII

ALIMENTOS E ALIMENTAÇÃO

A alimentação de peixes em aquários se tornou bem mais fácil, devido a um maior conhecimento de seus hábitos alimentares, permitindo um maior desenvolvimento nas técnicas de produção, embalagem e conservação de um grande número de alimentos para uma ou mais espécies. No seu ambiente eles encontram os mais variados alimentos como plantas, moluscos, crustáceos, peixes, infusórios, plancto, algas etc. No aquário, sua alimentação deve ser a mais variada possível. O aquarista deve conhecer os diversos tipos de alimentos e quais os mais adequados para os seus peixes, levando em consideração que eles podem ser **herbívoros,** os que comem vegetais, **carnívoros** os que se alimentam de produtos de origem animal e **omnívoros,** que comem tanto produtos animais quanto vegetais. Esta classificação não é rígida, pois os carnívoros às vezes aceitam vegetais e os herbívoros comem produtos animais. Além disso, devemos nos lembrar de que dentro da mesma espécie, uns peixes aceitam alimentos recusados por outros; a maioria aceita certos alimentos e recusa outros; os peixes podem se acostumar com determinados alimentos e, por isso, é bom sabermos quais os alimentos que vinham recebendo, para que continuem a receber esses mesmos alimentos e não "sintam"; alguns peixes custam a comer em ambientes desconhecidos e o fazem mais rapidamente, quando juntos com outros que já se alimentam normalmente; determinados peixes exigem um certo tipo de alimentação como os que, p. ex. consomem grande quantidade de plantas e que devem continuar a receber o mesmo tipo de alimentação como confrei, espinafre etc; existe uma série de alimentos "preparados" secos, cozidos, congelados, liofilizados, flocados e até com clorofila, que podem constituir uma alimentação básica para muitas espécies, mas é preciso que lhes sejam dados, também, alimentos vivos, a intervalos regulares.

ALIMENTOS DIVERSOS. Entre eles temos: pequenos peixes e alevinos; rãs e girinos; moluscos diversos; camarões como os pitus, inteiros ou picados, cozidos ou congelados; caranguejos; artêmias: dáfnia viva ou seca; infusórios; Cyclops; tubifex vivo, seco ou congelado; carne, fígado ou coração bovino raspados ou picados; carne cozida de aves; fígado de frango; gema de ovo cozida; enquitréias; minhocas; Tenebrio (larvas)); larvas de mosquitos como o Culex; drosófila; siriri (formiga); plancto; algas; confrei; espinafre etc.

COMO DAR ALIMENTOS AOS PEIXES. Quando no aquário, eles modificam o seu hábito ou maneira de comer, que se torna diferente. Cada espécie ou cada indivíduo tem os seus hábitos alimentares, não só quanto aos seus alimentos, mas também quanto à forma ou estado em que os procuram ou ingerem. Assim sendo, podemos fornecer-lhes alimentos secos, sólidos, líquidos, pastosos, inteiros, picados, cortados em tiras etc., de acordo com o seu tamanho. Já os verdes ou vegetais devem ser amarrados às bordas do aquário e retirados logo que os peixes pararem de comer. As artêmias podem ser dadas vivas ou congeladas, adultas, jovens ou ainda ovos, de acordo com o tamanho do peixe. Podem ser conservadas em água salgada, mas seu valor alimentício cai muito, se não forem consumidas em 1 ou 2 dias.

ALIMENTOS COMERCIAIS PREPARADOS. São encontrados os mais variados tipos, especiais para uma ou mais espécies. Entre eles temos: alimentos secos, em geral farinhas ou suas misturas; rações balanceadas especiais; misturas balanceadas e liofilizadas; alimentos cozidos secos ou congelados como pequenos crustáceos, vermes, carnes especiais etc.; alimentos flocados secos, como farinha de carne etc.

REGIME DE ALIMENTAÇÃO. Quando livres, os peixes comem durante todo o dia ou à noite, quando de hábitos noturnos. Devemos dar-lhes alimentos 2 a 3 vezes ao dia. Em cada refeição só devem receber o suficiente para comerem em 3 a 5 minutos, antes mesmo que os alimentos caiam ao fundo, para evitar sobras. Não devemos dar alimentos em excesso, porque os peixes engordam demais, podem apresentar distúrbios digestivos e vivem menos. É preferível que comam menos, pois até o jejum lhes faz menos mal do que uma superalimentação. Para os que comem muito pouco de cada vez, o melhor é oferecer-lhes, também, artêmias vivas, que se aglomeram onde há mais luz ou claridade, bastando colocar uma pequena lâmpada no local desejado e os peixes aí as encontrarão.

Devemos levar ainda em consideração alguns ítens na alimentação dos peixes: dar os alimentos protéicos pela manhã e os secos à tarde; não alimentá-los à noite, exceto os de hábitos noturnos; os peixes comem mais no verão do que no inverno, quando lhes é suficiente uma só refeição; alguns peixes como os molinésias e os espadas, por exemplo, precisam de algas para sua alimentação, para o que basta uma iluminação correta e não limpar totalmente as paredes do aquário; as plantas de folhas pequenas produzem mais algas; não dar pães, biscoitos, restos de comida, principalmente gordurosas, azeites e óleos; quanto mais alta a temperatura, mais apetite têm os peixes tropicais que a 27 ou 28°C são vorazes, a 25°C comem o normal, têm apetite regular a 19°C e comem pouco a 15°C. Os pequenos devem receber alimentos várias vezes ao dia, mas pouco de cada vez; a alimentação deve ser a mais variada possível; o melhor é adquirir artêmias congeladas e não vivas; a comida deve ser colocada entre os dedos, mas dentro da água e não atirada do alto, para evitar que fique ar junto com ela e o peixe o engula.

TABELA DE ESPESSURA DOS VIDROS

	Comprimento do Aquário (cm)										
	30	40	50	60	70	80	90	100	110	120	130
Altura (cm) Espessura (mm)	30 3	30 3,5	30 4	30 4,5	30 4,5	30 4,5	30 4,5	30 5	30 6,0	30 6,5	30 9/10
Altura Espessura	40 3,5	40 4,5	40 5	40 5,5	40 6	40 6	40 6,5	40 6,5	40 7	40 7	40 8
Altura Espessura	50 4,5	50 5	50 6	50 6,5	50 7	50 7	50 8	50 8,5	50 8,5	50 9	50 10
Altura Espessura	— —	60 6	60 6,5	60 7,5	60 8	60 8,5	60 9,5	60 10	60 11	60 12	60 12
Altura Espessura	— —	70 7	70 7,5	70 8	70 8,5	70 9	70 10	70 11	70 11,5	70 12	70 13

Naturalmente, essas medidas não são rígidas, dependendo em parte, da qualidade do vidro utilizado.

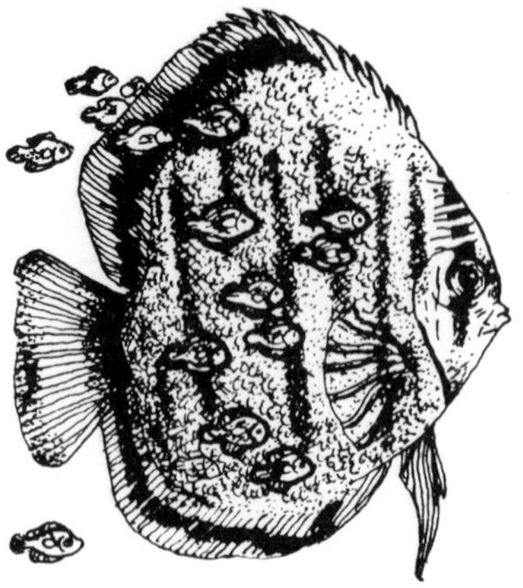

Disco com sua ninhada.

Caixa Para Criação de Tenebrio Molitor

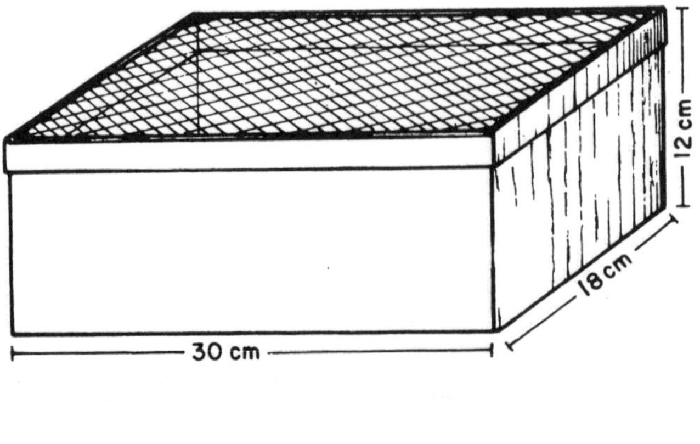

CAPÍTULO IX

COMO PRODUZIR ALGUNS ALIMENTOS VIVOS

Podem ser encontrados nas casas especializadas mas, devido à sua grande importância, apresentamos as técnicas para a sua produção.

PLANCTO. Designa pequenos animais e vegetais, em geral microscópicos, existentes nas águas doces, salgadas ou salobras. Os seres animais como os protozoários, os cladóceros, os rotíferos, os microcrustáceos etc. formam o **zooplanto** (zoo = animal), enquanto os vegetais, inclusive as algas, compõem o **fitoplancto** (fito = vegetal).

Quando recolhemos uma água com plancto vêm, juntos, os zoo e fitoplancto, além de outros elementos animais como larvas de mosquitos, vermes, moluscos (larvas) e muitos peixes em sua primeira fase após a eclosão. Nem todas as águas, porém, têm a mesma quantidade de plancto o que, naturalmente, influi na alimentação dos peixes, pois o número de seres animais nele contido, varia de algumas centenas a alguns milhares de indivíduos. Segundo estudos realizados, 10 a 20 microcrustáceos são o suficiente para alimentar um alevino durante 24 horas. Os alevinos, logo que acaba a reserva nutritiva do seu saco vitelino, começam comendo os menores e depois, de acordo com o seu crescimento, passam a ingerir os maiores seres existentes no plancto.

Como na natureza há sempre um ciclo, o zooplancto se alimenta de algas clorofíceas e de bactérias (também de origem vegetal), e o fitoplancto extrai sua alimentação diretamente da água, sob a forma de sais minerais, resultando principalmente gorduras e muito pouco amido, através da fotossíntese.

Para a coleta do plancto, basta uma rede de tecido de trama bem fechada, em forma de cone, como um puçá, pendurado por corrente ou cordinha de náilon, a um cabo longo, de madeira ou alumínio. Basta depois lavá-lo com água limpa, colocá-lo em um vidro com álcool e guardá-lo na geladeira.

TENÉBRIO (T. molitor) é um besouro encontrado principalmente em moínhos e depósitos de farinhas e cereais. Fácil de criar, é preto, mede 15mm, não voa e suas larvas, muito grandes, atingem 3cm de comprimento e são amarelo-escuro brilhante. As ninfas são branco-amareladas e medem 15mm. Para criá-lo, basta colocarmos alguns besouros, machos e fêmeas em uma caixa de madeira ou lata, com uma tampa de tela fina e no fundo uma cama de palha ou maravalha fina, de madeiras brancas que não contenham óleos, resinas ou cheiro forte. Colocamos os alimentos e, sobre eles, um pedaço de pano. Depois é fazer as colheitas, deixando sempre algumas larvas, para se reproduzirem. Seus alimentos são farelos ou farinhas de trigo, cereais, pão, farinha de mandioca, mandioca seca etc.

MINHOCAS (Lumbricus terrestris). Em um local fresco e sombrio, abrimos uma trincheira de 1 a 2m de largura por um comprimento variável, de acordo com as necessidades e uma profundidade de 40 a 50cm. A terra retirada deve ser misturada, em partes iguais, como esterco bem curtido de boi, cavalo, coelho etc. e restos de vegetais, principalmente verduras e terra vegetal. Essa mistura é colocada em camadas, sendo cada uma delas regada até ficar bem úmida, mas não enxarcada. Espalhamos uma certa quantidade de minhocas por cima da terra fofa e as cobrimos com uma camada fina de terra e outra de palha ou capim.

Não precisamos nos preocupar em escolher machos e fêmeas, porque as minhocas são hemafroditas, isto é, o mesmo indivíduo possui os dois sexos, sendo macho e fêmea ao mesmo tempo. Como elas não se autofecundam, é preciso que duas minhocas se juntem, para que uma fecunde a outra, havendo uma troca de espermatozóides entre elas, ficando as duas fecundadas, uma pela outra. Assim sendo, todas as minhocas botam ovos e se reproduzem, sendo sua reprodução muito grande. Podemos criar a minhoca mansa, a brava ou maluca e o minhocão. Dar-lhes alimentos de 10 em 10 ou de 15 em 15 dias, espalhando sobre a terra, restos de comida, esterco etc. É melhor colocar as minhocas, alimentá-las ou fazer a colheita à noite, pois não devem receber luz e muito menos sol. As colheitas devem ser de 6 em 6 meses, ou então tiradas apenas algumas, quando necessário. Podem ser mantidas e criadas em jardineiras, canteiros, tabuleiros etc. São um ótimo alimento e têm um suave efeito laxativo. Antes de serem dadas aos peixes, devem ser lavadas e picadas, para peixes menores.

TUBIFEX OU VERME DO LODO (Tubifex rivulorum). É vermelho, parecido com a minhoca, fino com um fio e com 1 a 5cm de comprimento. Ótimo alimento, rico em gorduras, mas tem o grave defeito de eliminar um ácido junto com as fezes, o que pode baixar o pH da água. Por isso, deve ser lavado e posto em pequenas quantidades no aquário, para ser comido o mais rapidamente possível, e de preferência em comedouros especiais, dos quais vai saindo aos poucos, sendo logo comido pelos peixes. Só deve ser dado 2 vezes por semana. Para peixes menores, pode ser cortado em pedaços. Como é um verme de esgotos, devemos pegá-lo somente com pinças. Vive normalmente em colônias de centenas ou milhares de indivíduos movimentando-se sem parar, em esgotos, areias ou lodo, nos quais se enterra ao menor perigo. O melhor é comprá-lo em casas especializadas, pois já vem mais limpo. Só deve ser dado vivo, o que é fácil verificar, porque é vermelho, enquanto os mortos ficam brancos.

ARTÊMIA. É um dos melhores alimentos para os alevinos novos, logo que acaba a reserva nutritiva do seu saco vitelino. Vive na água salgada, embora o faça também na doce. É um pequeno crustáceo, um camarãozinho variando do rosa ao vermelho, de 8 a 10mm. Reproduz muito e seus ovos, quando secos, podem se conservar por 10 anos e prontos a eclodirem desde que sejam colocados em água do mar ou uma salgada "preparada". Uma boa fórmula para isso, é, para 100 litros de água: sulfato de amônia, 100g; superfosfato de cálcio, 20g e uréia, 20g. A eclosão se realiza em 24 a 48 horas após a imersão na água com 22 a 27°C. São encontradas nas casas especializadas, sob a forma de ovos secos, que podem ser dados diretamente aos peixes ou então postos para eclodirem e as artêmias nascidas, servirem de alimento vivo. Neste caso, devemos coar as artêmias, com um pano, para evitar que a água salgada que as possa acompanhar, modifique as condições da água do aquário. Devem ser dadas em quantidades suficientes apenas para que sejam comidas no mesmo dia, evitando que morram no aquário, pois duram apenas 48 horas.

LARVAS DE MOSQUITOS. É fácil obtê-las. Basta deixar ao ar livre, um recipiente de preferência de vidro, cheio de água, pois é o suficiente para os insetos aí depositarem os seus ovos. A eclosão ocorre em 8 a 10 dias, nascendo as larvas que devem ser dadas aos peixes. É preciso não deixar essas larvas se transformarem em mosquitos, pois eles podem ser portadores de diversas doenças. Por isso, devemos colocar uma tampa de tela, no vidro, porque se aparecer algum mosquito, ficará preso e poderá ser liquidado.

DÁFNIAS (Daphnia pulex) OU PULGAS D'ÁGUA. São pequenos crustáceos de 4mm de comprimento, encontrados em águas ricas em matérias orgânicas. Reproduzem com facilidade, bastando colocar um recipiente com uma infusão de folhas secas ou então água pura, onde são colocadas as dáfnias. Alimentam-se de sangue cru, infusórios, restos de cereais cozidos etc. Basta depois, com uma rede de náilon de malhas finas, pegar uma certa quantidade de dáfnias e jogá-las dentro do aquário.

INFUSÓRIOS. São pequenos animais unicelulares, em geral microscópicos, embora alguns possam ser vistos a olho nú, como o Paramecium caudatum. São encontrados em brejos, águas paradas etc. Sua criação é fácil, bastando colocar algumas folhas de couve, alface, lentilha d'água ou outra folhagem, secas ao sol, dentro de uma vasilha de vidro ou plástico, com água velha. Em 36 a 48 horas, já encontramos milhões desses seres que poderão ser dados imediatamente, aos peixes, embora não sejam um alimento de 1.ª categoria. Podemos usar, também, 1 litro de água com algumas gotas de leite. Em poucos dias, a água fica cheia de infusórios, a alimentação predileta dos alevinos, logo que se esgota a reserva do seu saco vitelino.

ENQUITRÉIA (Enchytraeus albinus). É um pequeno verme branco (minhoquinha) de no máximo 1cm de comprimento, ótimo alimento para os peixes que muito o apreciam. Cria com facilidade, bastando colocar algumas delas em uma caixa de madeira ou outro material, exceto metálico, cheia de terra vegetal bem úmida mas não enxarcada e coberta por uma tampa de vidro. Seis ou oito dias depois já podemos começar a colheita, pois se reproduz com rapidez. Devemos manter a temperatura a 15°C no máximo, a terra sempre úmida e a caixa conservada em local fresco, úmido e escuro. Alimentação: elementos que encontram na terra, como folhas, cereais e pão bem molhado etc., mas nunca em excesso, para evitar que a terra fique muito ácida, pela decomposição dos seus resíduos. Deve ser dado, aos peixes, no máximo 2 vezes por semana.

DROSÓFILAS. São as "moscas-da-banana". Ótimo alimento para peixes. Para criá-las, basta prendê-las em um vidro de boca larga, no qual é colocada um pasta de banana amassada com aveia e à qual juntamos algumas gotas de violeta genciana, para que não mofe. O vidro deve ter uma tampa de pano ou tela, bem fina, para que entre ar. As larvas são pegadas e lançadas aos peixes, que as devoram avidamente. Os insetos adultos são um alimento melhor ainda. Existe a mutação de drosófila sem asas, melhor para criar e dar aos peixes.

ANGUILULA (Anguilula silusidae). É um verme fino, comprido e afilado em suas extremidades, sendo as fêmeas maiores do que os machos. Mede 2,5 mm de comprimento, sendo indicado até para pequenos peixes. Para a sua criação colocamos em um recipiente, uma camada de café em pó, já usado e, sobre ela, outra de pasta de aveia cozida na água (1 chícara de água e 1/2 de aveia em pó ou em flocos). Colocamos algumas anguilulas sobre essa camada de aveia, cobrimos com um vidro e fechamos hermeticamente o recipiente. De 2 em 2 dias molhamos o vidro sobre a massa, para manter uma certa umidade. Após 8 a 10 dias, começam a aparecer pequenas anguilulas sobre esse vidro, podendo ser dadas aos peixes. Não sendo colhidas, descerão para o fundo e morrerão em 48 horas. Para manter a criação, devemos colocar, sobre a massa, uma colher de sopa de leite, a intervalos de poucos dias.

CYCLOPS. São pequenos crustáceos de 3mm de comprimento (classe Copepoda). São assim chamados porque têm um só olho, como o gigante da mitologia. Possuem antenas que servem como órgãos táteis e sensitivos. Ótimo alimento, mas os adultos podem atacar alevinos e mesmo pequenos peixes. O melhor é dar-lhes somente as larvas, denominadas nauplius. Criação como as dáfnias.

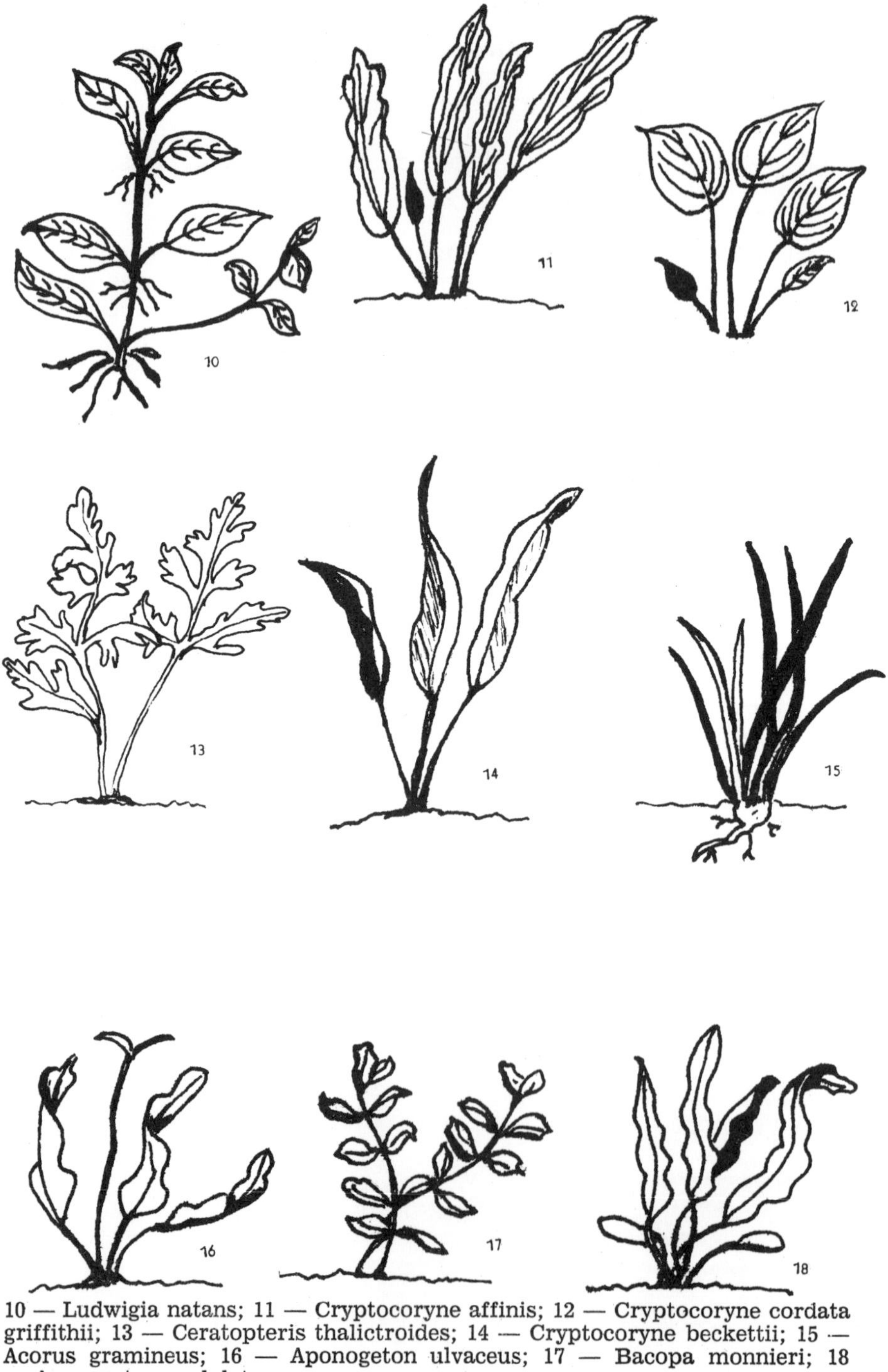

10 — Ludwigia natans; 11 — Cryptocoryne affinis; 12 — Cryptocoryne cordata griffithii; 13 — Ceratopteris thalictroides; 14 — Cryptocoryne beckettii; 15 — Acorus gramineus; 16 — Aponogeton ulvaceus; 17 — Bacopa monnieri; 18 — Aponogeton undulatus.

CAPÍTULO X

OS CARAMUJOS E O AQUÁRIO

Somos contra caramujos em aquário com peixes, mas apresentamos, a seguir, os vários argumentos prós e contras.

VANTAGENS. Como alguns são pulmonados, retiram o ar da atmosfera, não competindo com os peixes pelo oxigênio da água; servem de alimento para alguns peixes; comem detritos que encontram no aquário; servem para estudos de biologia e reprodução; comem algas, embora alguns não as prejudiquem; enriquecem o solo, melhorando as plantas, como o M. tuberculata.

DESVANTAGENS: transmitem muitas doenças como a esquistossomose; eliminam grande quantidade de excrementos; comem as algas (necessárias); limpam o aquário mas sua limpeza não é boa; comem brotos e raízes de plantas e mesmo algumas delas; quando morrem, sua carapaça calcárea endurece a água; muito prolíficos, tornam-se uma praga e quando morrem em grande número, contaminam a água, diminuem o seu pH e aumentam o teor de gás carbônico; comem ovos dos peixes; alguns respiram na água, competindo com os peixes, pelo oxigênio. Cremos que as desvantagens mencionadas já são o suficiente para não colocarmos caramujos no aquário. Para a limpeza e para não deixar as algas aumentarem muito, temos outros meios simples e que não oferecem perigo algum.

COMBATE AOS CARAMUJOS. Para eliminar esses animais podemos: retirar os caramujos e as suas desovas, um por um, com uma pinça ou usando sulfato de cobre, 0,5ml por litro de água. Não errar a dose, porque é muito venenoso. Colocamos no aquário, uma folha de alface ou confrei que os atrairão e eles serão retirados presos a ela.

ALGUNS CARAMUJOS. Apresentamos alguns caramujos para os que desejarem tê-los em aquários especiais ou junto com os peixes, por considerá-los interessantes.

Planorbis corneus; caramujo vermelho; red-ramshorn. É o mais difundido no Brasil, sendo sua cor vermelha aparente, pois é albino e o seu vermelho é a cor do sangue, visto por transparência. Com uma lente, podemos ver o desenvolvimento dos seus ovos sobre os vidros, ocorrendo a eclosão em 10 dias. Ovíparo e muito prolífero, em pouco tempo toma conta do aquário. Come as algas das folhas e ainda danifica as plantas. Concha em espiral, com 2cm de circunferência. Seus ovos e filhotes são ótimos alimentos para os peixes. Come os ovos dos peixes. Quando amassados são um bom alimento.

Physa acuata — fisa. Não prejudica as plantas, como o Limnaea, com o qual é confundido. Cinzento, concha ovalada, é pequeno, com 1cm de comprimento. Muito prolífico, seus filhotes são um bom alimento para os peixes. Movimenta-se de forma interessante, subindo e descendo dentro d'água, na vertical, como se houvesse uma parede invisível, pela qual estivesse deslizando com grande facilidade.

Ampullaria cuprina — ampulária. Desova fora do aquário. Muito grande, sua concha atinge 10cm de diâmetro. Não é aconselhável para aquários, exceto quando especial para ele. O aquário deve ter tampa, para que não fuja.

Limnaea stragnalis. É grande, atingindo 6cm de comprimento. Bota os ovos nas folhas das plantas, onde ocorre a eclosão, após 30 dias. Prefere temperatura de 28°C.

Melanoides tuberculata. Interessante devido ao seu hábito de enterrar-se na areia da cama do aquário onde, eliminando seus excrementos, aduba as plantas. Sua concha verde-clara com listas horizontais marrons avermelhadas é em forma de espiral e bem comprida. Originário do Egito, é vivíparo, alimenta-se de algas e não prejudica as plantas.

CAPÍTULO XI

PLANTAS

ESCOLHA. Depois dos peixes, são os elementos mais decorativos do aquário e muitos peixes não as dispensam como abrigos, para se esconderem ou locais para desovarem. Servem como alimentos para muito deles e como "canteiros" para algas e outros pequenos organismos com os quais os peixes se alimentam. São importantes na oxigenação da água e na limpeza e, portanto, no equilíbrio biológico do aquário. São um indicador: quando estão bem, significa que a água está em boas condições.

Grande é o número de plantas para aquários e variadas as suas formas e tamanhos, permitindo os mais belos arranjos, dependendo do gosto de quem monta o aquário. Daremos uma orientação sobre o assunto, pois existem algumas regras básicas, mais de ordem técnica, ficando as artísticas, por conta do montador.

Quando o aquário é para ser visto só pela frente, seu vidro traseiro deve ser pintado, pelo lado de fora, com uma tinta escura ou preta, pois isso facilita o arranjo e dá impressão de maior profundidade. Existem bonitos painéis para serem colocados nesse vidro, dando uma visão de ambientes aquáticos naturais ou de aquários, de grande efeito decorativo. Neste caso, a cama deve ter uma inclinação dos fundos para a frente. As plantas maiores devem ser plantadas na parte de trás, depois as médias e na frente, as menores, pois assim darão uma visão maior do aquário e dos peixes. Além disso, devem formar um semi-círculo. O melhor é plantar várias espécies, pois assim darão um toque mais natural, reproduzindo as condições em que vivem os peixes. Podemos também usar uma planta grande para que, com ela, as outras formem um conjunto harmonioso. O melhor é formar grupos com as mesmas plantas.

Quando o aquário for para ser admirado por dois lados opostos, isto é, em duas frentes, como na separação de ambientes, a cama deve ter a sua parte mais alta dividindo o aquário, no meio e longitudinalmente, inclinando-se para as duas frentes. Na parte do meio, a mais alta, plantamos uma carreira de plantas e procedemos, depois, para cada um dos lados, como se fosse um aquário independente, de uma só frente. É preciso, porém, escolher bem as plantas, verificando se elas se adaptam ao solo (cama) do aquário, à qualidade da água ou à sua temperatura, mas sempre levando em consideração os peixes a serem colocados no aquário. Em relação à água, devemos verificar se as plantas escolhidas se adaptam ao seu pH, DH, salinidade, temperatura, oxigenação etc., para evitar plantas que não se adaptem às suas condições ou a mistura de plantas que requerem diferentes condições de água. Preferem águas paradas e, por isso, deve ser controlado o fluxo de ar dos compressores.

Quanto ao solo (a cama), essas plantas não são exigentes, mas devemos escolher as que se dão bem na areia ou cascalho. Basta que a camada superficial da cama seja de areia grossa (grãos de 2mm), pois facilita a penetração das raízes e que sua espessura seja de 3,5 a 7cm, conforme a planta, principalmente em relação ao seu tamanho e que seja livre de impurezas ou materiais químicos que não só as prejudicariam, mas também aos peixes. Outro fator de grande importância para elas é a iluminação que influi decisivamente no seu crescimento e proliferação. Existem plantas **heliófobas**, que precisam de bastante luz e as **umbrófilas** ou **heliófobas**, que não gostam de muita claridade.

PLANTIO. As plantas podem se reproduzir por sementes ou mudas, mas vamos tratar do plantio por mudas. Para isso, devemos ter todo o cuidado para não danificar as mudas, lavá-las muito bem e depois mergulhá-las em água salgada, 30 minutos, enxaguá-las para tirar o sal e evitar que ele altere as condições da água. O espaçamento deve ser de 10cm para as que soltam "filhotes". Fazemos uma cova na areia, de acordo com o tamanho da muda e a enterramos, mas até somente um pouco abaixo da coroa (parte que separa o caule das raízes). As raízes devem ficar viradas para baixo, na sua posição normal e não para cima ou emboladas, e as cobrimos com areia, mas sem apertar muito, para evitar danos. Não devemos enterrar nenhuma folha.

REPLANTA. É a substituição das plantas que morrem ou são retiradas. Devemos fazer como para o plantio mas, neste caso, devemos usar o plantador, para não colocarmos a mão dentro da água, o que poderia afetar a sua qualidade, as plantas e os peixes.

PLANTAS FLUTUANTES. Com elas, o procedimento é bem diferente, pois basta deixá-las soltas sobre a superfície da água e elas se desenvolverão normalmente, pois esse é o seu sistema de vida. Servem para sombreamento, para abrigo e para a fixação de ninhos e ovos de peixes.

PODA. Quando a planta cresce além dos limites que lhes são destinados, deve ser podada, isto é, eliminada parte de um ou mais de seus elementos como ramos, folhas etc. Essa poda deve ser feita a uma certa distância de um nó ou de uma bifurcação de galhos e nunca encostada nelas, porque há sempre uma pequena secagem junto ao corte e ela atingiria o nó ou galhos, prejudicando ou até matando a planta. Deve ser feita com uma tesoura bem afiada, para evitar que "mastigue" a planta, deixando a região dilacerada e mais sujeita ao ataque de fungos e bactérias.

Como as plantas também podem sofrer choques térmicos, devemos tomar cuidado para mudá-las para água com a temperatura mais ou menos igual à da água em que estavam. Algumas plantas "dormem", como a Cabomba e o Myriophyllum, cujas folhas se fecham à noite.

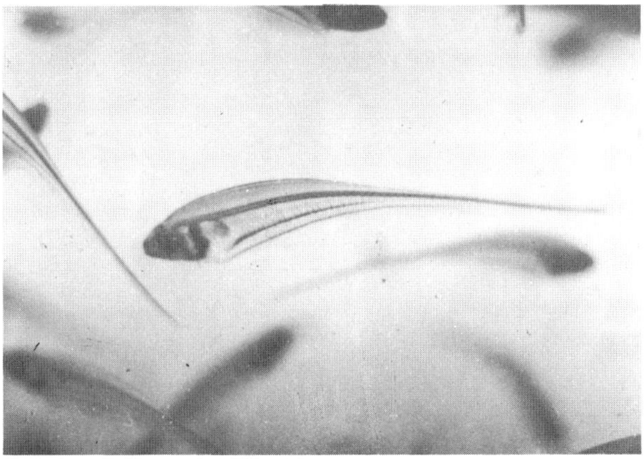

Ituí transparente. Foto do Autor.

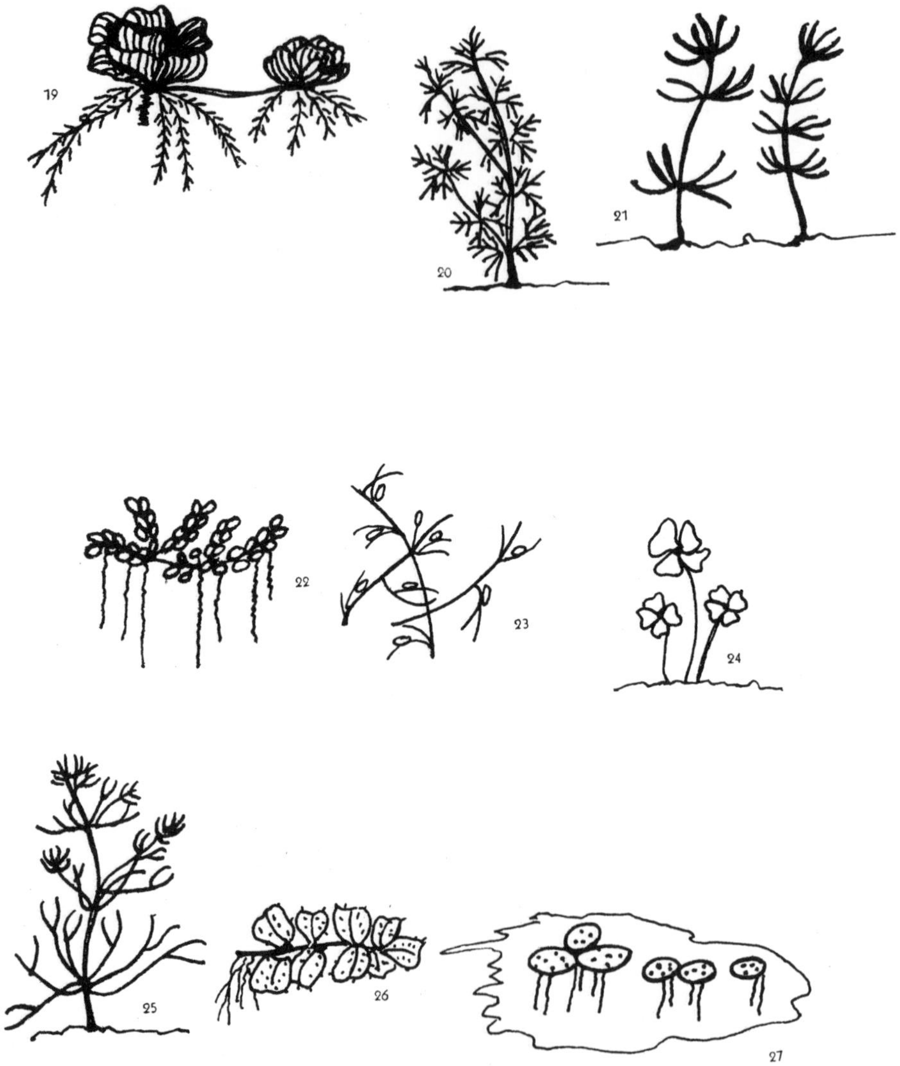

19 — Pistia stratiotes; 20 — Limnophila heterophylla; 21 — Nitella megacarpa; 22 — Azolla; 23 — Utricularia gibba; 24 — Marsilea quadrifolia; 25 — Nitella flexilis; 26 — Salvinia auriculata; 27 — Lemna minor.

CAPÍTULO XII

INIMIGOS DAS PLANTAS

Às vezes o aquarista coloca as plantas no aquário, mas elas ou morrem ou não se desenvolvem. A justificativa mais comum é a de que as mudas não estavam boas. Como são relativamente baratas, são substituídas sem maiores indagações, o que está errado, podendo o mesmo acontecer com as novas, pois a causa do problema não foi identificada e, por isso, não foi eliminada. Assim sendo e para evitar esses problemas, passamos a analisar os principais inimigos das plantas de aquários.

PEIXES COMEDORES DE PLANTAS. Quando comem as plantas mais depressa do que elas podem se desenvolver, o resultado é a sua liquidação total. Entre eles, podemos citar as tilápias, alguns caracídeos como os tetras, bem como outros que podem somente comer um pouco das plantas ou apenas picá-las, como os Abramites, Metynnis, Scats, Ctenobrycon, Hemiodus, Moenkhausia, Botias, Blind-cave Characins, alguns poecilídeos etc. É preciso que o aquariófilo escolha os peixes de acordo com as plantas que deseja colocar no aquário ou, ao contrário, as plantas, de acordo com os peixes que deseja possuir.

PEIXES FOSSADORES OU ESCAVADORES. Embora não comam ou belisquem as plantas, fossam ou escavam a cama, arrancando as plantas, tornando impossível mantê-las plantadas. Entre eles, temos os japoneses, alguns acarás, Astronotus e ciclídeos como o Jack Dempsey e o Plecostomus.

CARAMUJOS. No capítulo OS CARAMUJOS E O AQUÁRIO, apontamos esses animais como indesejáveis, inclusive porque muitos comem ou danificam as plantas.

CAMARÕES. Alguns como o Gammarus, por exemplo, podem destruir as plantas, desde que tenham oportunidade, atacando valisnérias, anacaris e outras. Ocorre, porém, que nem sempre podem fazê-lo, porque são um alimento disputado por muitos peixes como os discos, muitos caracideos, ciclídeos etc., que não lhes dão tempo para isso, devorando-os avidamente.

PRODUTOS QUÍMICOS. Muitos medicamentos empregados para peixes e plantas podem se tornar perigosos para eles, se a sua dose for maior do que a permitida. Como exemplos de elementos perigosos, não só para as plantas, mas também para os peixes e outros animais e vegetais, temos o cobre e o zinco. Os Ceratophyllum, valisnérias e outras são muito sensíveis ao cobre. Verde malaquita, azul de metileno, quinino, gás clorídrico, cal, cloreto de sódio etc. são outros produtos que lhes podem causar problemas, quando utilizados de maneira inadequada.

FILTRAÇÃO EXCESSIVA. A filtração e a aeração, indiscutivelmente, são de grande importância em um aquário, mas o excesso de filtração não melhora as condições do aquário e pode ser, sob certos aspectos, até mesmo prejudicial, porque tira da água todas as substâncias que poderiam servir de alimentos, não só para as plantas, mas também para os peixes. Além disso, pode prejudicar ou impedir o crescimento das algas e de pequenos animais que lhes servem de alimentos.

ÁGUA E CAMA POLUÍDAS. Um excesso de alimentos colocados no aquário entra em decomposição, polui a água e a deixa turva. A cama onde esse excesso se acumula vai ficando saturada e escura. Naturalmente a filtragem e principalmente o filtro biológico resolvem o problema, mas até certo ponto, pois quando a quantidade a ser eliminada é superior à capacidade do filtro, o problema vai se agravando. Neste caso, a solução é retirar toda a água e a cama e substituí-las. Depois disso, é necessário controlar a quantidade de alimentos, para que o problema não mais se repita.

CORRENTEZA. Quando a aeração ou mesmo a filtração provocam uma forte correnteza, isto pode prejudicar muitas plantas que exigem águas paradas.

TRANSPLANTES. Outro inimigo das plantas pode ser o próprio aquariófilo, quando tem a mania de mexer muito nelas, mudando-as constantemente de lugar. Cada vez que ele arranca uma planta e a replanta, por maior que seja o seu cuidado, sempre provocará algum dano, além do que ela "sente" para se adaptar ao novo lugar.

OUTRAS PLANTAS. Um excesso de plantas pode concorrer para que elas não se desenvolvam bem, devido à competição por alimentos, CO^2, espaço, pela luz etc. Outros vegetais microscópicos como as algas, também lhes podem fazer mal, quer quando se desenvolvem demais na água, quer diretamente sobre as plantas, formando um limo, como a alga verde veludo. Para combater as algas verdes, temos vários peixes, caramujos, sulfato de cobre etc. Também algumas algas azuis-esverdeadas podem produzir toxinas que afetam as outras plantas.

EXCESSO DE ALIMENTOS. As sobras vão ao fundo e, quando demoram a se decompor, ficam fermentando. Os produtos dessa decomposição atacam as plantas, fazendo com que algumas partes como as bases das folhas, do caule etc. fiquem marrons, o que certamente as prejudica e até pode matar. As plantas podem apresentar, ainda, um aspecto de "meladas".

DOENÇAS INFECCIOSAS E PARASITÁRIAS. Embora pouco seja conhecido sobre as doenças das plantas de aquários, sabemos que algumas infecciosas podem ser controladas com tetraciclina, 50ml para 3,8 litros de água, enquanto outras, parasitárias, como as de fungos, podem ser combatidas com sulfato de cobre para banhos. O tratamento pode ser repetido até 3 vezes, uma por semana. É preciso cuidado, porque o sulfato de cobre é perigoso para os peixes. Não é preciso trocar a água.

MOSCA DA ÁGUA (Hydrophylita aequivolans). Também conhecida por "moscão", usa as asas para mergulhar e nadar através da água, para colocar os seus ovos em plantas como a cabomba, por exemplo, aparecendo como cápsulas escuras, nas quais encontramos as larvas. A mosca já nasce na forma adulta.

Jacundá (Crenicichla sp.). Foto do Autor.

28 — Riccia fluitans; 28 — Aponogeton fenestralis; 30 — Eleocharis acicularis; 31 — Echinodorus tenellus; 32 — Acorus gramineus; 33 — Echinodorus cordifolius; 34 — Vallisneria spiralis; 35 — Anubias lanceolata; 36 — Cabomba aquatica.

CAPÍTULO XIII

ALGUMAS PLANTAS PARA AQUÁRIOS

Para maior facilidade de apresentação, dispusemos os dados sobre as plantas, na seguinte ordem: nome científico em latim, seguido dos nomes populares, de sua origem geográfica (país ou região) e de maneira resumida, as principais informações sobre elas.

Acorus gramineus — acoro; junco japonês. Ásia. Folhas duras, bicolores (verdes e brancas) longitudinalmente, abrindo em leque. 20 cm de comprimento. Temp.: 15 a 21°C, mas prefere águas temperadas, com pH 6,3 a 6,9.

Anubias lanceolata — anúbia. Egito. Prefere muita luz e 22 a 30°C. Verde clara, folhas fortes, lanceoladas, 3 a 6 cm de larg. e 15 a 35 de altura. Flores brancas. Água mole e pH 6,8. Resiste 18 a 20°C no inverno. Reproduz por divisão de raízes e dá formas anfíbias.

Aponogeton crispum — aponogeton. Muito bonita, folhas verdes claras, crespas, translúcidas, de 2,5 a 5cm de larg. e 50 cm de altura, nervuras formando uma rede de cada lado da linha mediana da folha. Reproduz por raiz bulbosa. Água ácida.

A. fenestralis — aponogeton. Malgaxe. Muito decorativa e rara. Difícil manutenção no aquário. Folhas rendadas, pois não possui tecidos entre as nervuras, com 30 cm de comp. e 5 a 8 de larg. Flores branco-amareladas e aéreas. Talos de 10 a 20cm de comp. Verde, às vezes arroxeada . Água bem limpa, mole, pH 6,8, DH 2 a 3 e 18 a 22°C. Reprodução por bulbos.

A. ulvaceus — aponogeton. Malgaxe. Folhas verdes mais pálidas, onduladas e largas do que as do A. crispum, nervuras completas e sobretalos de 25 a 30cm. Possui bulbo não visível. Propagação fácil. Submersa, com água de pH 6,8 a 7.

A. undulatus — a. ondulado; espada-de-Madagascar. Ceilão. Atinge 60cm, folhas lanceoladas de 10 a 15cm de comp. por 3 a 5 de larg. bordas onduladas e nervuras. Podas periódicas. Propagação difícil por estolhos ou sementes. Água com pH 6,8.

Bacopa amplexiscaulis — bacopa. Brasil; A. do Sul e A. do Norte. Bonita, delicada. Verde clara, folhas pequenas saindo aos pares, do caule. Palustre adaptada à vida aquática, atinge 25cm. Plantar em tufos. Quando emerge, produz flores cheirosas, de branco a violeta. Propagação por ramos ou raízes adventícias, quando fica flutuante. Prefere 18 a 22°C, água mole, pH 6,7 e mínimo de 6 horas de iluminação.

B. monnieri — bacopa. Américas; África; Ásia; Europa e Austrália. Semelhante à anterior, mas não possui pêlos nos talos e folhas. Precisa boa luz e aceita temperaturas mais elevadas. Água com pH 6,8.

Cabomba aquática — cabomba. Brasil Central ao sul do México. Folhas verdes claras muito divididas, em forma de leque, caule comprido e flores brancas. Fixa ou natante, precisa de muita luz e fica rapidamente amarela no aquário. Cresce muito e exige podas. Quando há falta de luz, fica muito fibrosa. Prefere água mole com pH 6,6 e até 25° C e no inverno 18° C.

C. caroliniana — cabomba. A. do Sul e do Norte. Parecida com a anterior, exige luz intensa 8 horas por dia. Desenvolve-se bem, mesmo de 15 a 18° C. Folhas divididas como a C. aquática, atinge 90 cm de altura. Flores hermafroditas amarelas, brancas, rosas ou roxas. É uma das usadas há mais tempo, para aquários. Água com pH 6,8.

Cardamine lirata — cardamine; avenca d'água. Ásia. Muito bonita, parece uma trepadeira. Folhas verdes-claras em forma de lira, prefere águas frias, mas vive a 25° C e pH 6,8. Gosta de muita luz. Reprodução por pedaços de hastes.

Ceratopteris thalictroides — samambaia d'água. Brasil Central e Ásia. Talos curtos, folhas lobuladas, macias e delicadas, atinge 40 cm de altura. Reprodução por gemas nascidas nas bordas das folhas e que se desprendem dando novas plantas que ficam flutuando. Exige muita luz, sol, 18 a 30° C, água mole ou semidura com DH 10 no máximo, e pH 7. Muito usada para lebistes e gupies, pode ser fixa ou natante. Há uma variedade de flores pequenas.

Cryptocoryne beckettii. Ceilão. Folhas ovaladas um tanto pontudas, 10 cm, bordas lisas ou um pouco onduladas, com a parte superior com brilho verde-oliva ou verde-castanho com pontos escuros e a inferior verde pálida um tanto avermelhada. Água mole ou mesmo dura, um tanto ácida e de 20 a 30° C.

C. cordata. Ásia. Folhas com 10 cm de comp. por 5 a 6 de larg., em forma de coração, verdes em uma face e vermelhas arroxeadas na inferior.

C. haerteliana. É uma das que melhor se adaptam ao aquário. Exige pouca luz. Folhas verdes escuras com nervuras mais claras em uma face e a outra vermelha.

C. nevillii. Ceilão. É a menor planta para aquários, com 2 a 10 cm de comp. verde de diversos tons e folhas lanceoladas, um tanto arqueadas. De crescimento lento, não gosta de muita luz. Flores aéreas. Água com pH 6,7.

C. spiralis. Ásia. Atinge 40 cm. Possui pedúnculo em espiral, raiz de 4 a 5 mm de espessura, folhas compridas, onduladas, pontudas e retorcidas. É roxa e gosta de bastante luz.

Echinodorus brevipedicellatus — espada amazônica. Brasil. Parecida com a E. intermedius, mas propaga-se por brotos adventícios de inflorescências cujos pedúnculos, quando saem da água, podem atingir 60 cm de altura. Exige 8 a 10 horas de luz por dia, água mais ou menos mole, pH 7 e 18 a 30° C. Folhas marrons significam falta de luz.

E. cordifolius. Bonita e chamada às vezes, erroneamente, de sagitária. Quando em aquário grande, ela se espicha até alcançar a superfície, ficando com as folhas fora da água. Para evitar isso, devemos plantá-la em aquários pequenos, até atingir um certo desenvolvimento, transferindo-a para o aquário grande, já bonita e com as folhas não muito compridas e submersas. Prefere menos luz.

E. intermedius (ou amazonensis) — amazonas-de-folhas largas Brasil. Folhas verde-claro, radiais, lanceoladas e um tanto arqueadas, atingindo 60 cm de altura. Raízes grandes, flores brancas. Gosta de muita luz e de 18 a 30° C, parando de crescer a 20° C. Propaga-se por sementes ou brotos, mas de 15 cm. Não sendo podada, toma conta do fundo do aquário.

E. martii — leopoldina. Brasil Central. É uma das mais bonitas e altas da família. Folhas com bordas onduladas e caules arqueados. Cor: verde-escuro amarronzado, atinge 60 cm de altura. Inflorescência aéreas brancas. Raízes fortes. Prefere muita luz, água mole de 22 a 30° C. Reproduz por brotos.

E. radicans — guaianense; guaianensis. Brasil; E. Unidos (Leste). Folhas verdes claras de 10 a 16 cm de comp. por 6 a 15 de larg., em forma de coração. Com muita luz atinge 30 cm de comp. Bonita e boa para aquário, propaga-se por brotos ou sementes. Água com pH 6,8 a 7.

E. rangeri — espada amazônica. Brasil. Folhas com 5 a 7 nervuras verdes escuras, 35 a 40 cm de comp. por 7 a 10 de larg. e talo de 50 cm de altura. Prefere 22 a 25° C. Reproduz pelo talo horizontal, do qual, a cada 20 cm sai um broto, dando origem à nova planta.

E. tenellus — equinodoro paulista. Brasil; A. do Sul. Espécie anã muito parecida com a sagitária, mas com folhas mais largas, de 1 a 3 mm de larg. e 1 a 3 cm de comp., talos de 4 cm e uma só nervura. Requer muita luz e pH 6,8 a 7. Com boa iluminação, reproduz por brotos.

Eleocaris acicularis — eleocaris; cabelo-de-japonês. A. do Sul; A. do Norte; Europa, Ásia e Austrália. Parece uma grama ou capim verde-claro de 10 cm de comp. e astes muito finas. Bonita, forma um tapete no fundo do aquário. Mínimo de 8 horas de luz por dia. Água com pH 6,8 a 7.

Elodea densa — Anacharis argentina. Argentina. Formato cilíndrico, verde forte, folhas fortes e compridas e flores brancas. Atinge 1 m de altura e pode ser fixa ou natante. Bastante luz, até 22° C e pH 6,8 a 7. Não devemos enterrar a área esbranquiçada (coroa) na parte de baixo do caule, sendo até aconselhável deixar a parte de cima das raízes, fora da areia.

E. crispa (Lagarosiphon muscoides). Marrocos. Folhas muito curvadas como dedos crispados e em grupos de 3. Reprodução como a E. densa.

Heteranthera zosterifolia. Brasil; Bolivia. Submersa ou natante. Folhas verde-claro as submersas e verde-escuro as aéreas. Talo fino com 3 mm de espessura e 80 cm de comp. Na época da floração crescem folhas fora da água, para que as flores fiquem acima da superfície. Boa para aquários de 18 a 30° C e ideal de 22° C. Propaga-se por estolhos.

Hydrilla verticillata — hidrila; urtiga-do-fundo. Europa, Ásia, África e Austrália. Parecida com a elódea, mas é menor. Folhas verdes claras, verticiladas em 4, nervuras avermelhadas e bordas dentadas. Crescimento rápido. Melhor para aquários de água temperada.

Hygrophyla polysperma — higrófila; estrela-d'água indiana. A. do Sul; Índia e Sudoeste da Ásia. Muito bonita, herbácea, folhas elípticas simples, verticiladas ou opostas, verdes claras e brilhantes, com 1,5 a 4 cm de comp. por até 1 cm de larg. Exige boa iluminação, água mole ou semi-dura, pH 6,8 a 7 e 18 a 30° C. Propaga-se por galhos. É às vezes chamada erroneamente de hidrófila e não higrófila.

Hygrophyla stricta (ou Nomaphyla stricta) — estrela-d'água-gigante-da-Índia. Folhas verdes muito grandes, de 2 a 12 cm de comp. por 3 a 5 de larg. e talo de 2 a 4 mm de espessura. Deve ser podada quando sai da água.

Limnophila sessiflora (ou Ambulia sessiflora) — limnófila; ambúlia. Índia, Japão e Ceilão. É uma das mais bonitas e melhores plantas para aquários de 18 a 25° C. Parecida com a cabomba, mas suas folhas são menores e mais claras, em grupos de 5 ao redor do caule, enquanto que, na cabomba, elas são aos pares. Flores brancas a rosadas, em pequenos grupos, nas axilas das folhas. Talos com pêlos virados para baixo. Atinge 15 a 30 cm de comp. Precisa de muita luz para se desenvolver bem. Reprodução por pedaços de hastes (galhos). A variedade L. gratioloides não serve para aquários porque produz uma substância tóxica para os peixes. Outra variedade é a L. heterophyla, cujos talos não têm pêlos. Produz flores brancas.

Ludwigia alternifolia. Folhas alternadas, pontiagudas em ambas as extremidades, verdes, mas às vezes com uma das faces avermelhadas. Não é tão boa como as outras Ludwigias, como forma submersa, sendo melhor para tanques e aquários externos, pois precisa de muita luz. Em interiores, requer 22° C e 10 a 15° C no inverno.

Ludwigia arcuata. A. do Norte. Caule fino, folhas pequenas, estreitas, pontiagudas e verdes-escuras. Flores amarelo-ouro. Águas de 12 a 26° C e muita luz. Atinge 20 cm. Propagação por hastes ou estolhos.

Ludwigia mullerti — ludwigia. A. do Norte. Folhas verdes brilhantes na face superior e vermelho escuro na inferior. Muito bonita, propaga-se por hastes. Exige pouca luz e água com pH 6,7.

Ludwigia natans — ludwigia. A. do Norte; México; Europa e Ásia. Água com pH 6,8 a 7 e 15 a 25° C. Folhas opostas curtas, ovais e aos pares, verdes de um lado e avermelhadas do outro, com as bordas arroxeadas. Muita luz realça o vermelho das folhas. Flores amarelas nos galhos que saem da água. Perene, reproduz-se por pedaços de talos.

Ludwigia palustris — ludwigia comum. Europa; Ásia; África e A. do Norte. Não possui cor vermelha nas folhas, como a L. natans. Água com pH 6,8 a 7.

Marsilea quadrifolia — marsiléa; trevo-de-quatro-folhas; trevo-da-fortuna. Austrália. Muito bonita, parece um trevo, porque tem as folhas divididas em 4 lóbulos. Propaga-se por divisão de raízes (rizomas) ou estolhos. Difícil de ser mantida em aquário. É palustre adaptada à vida aquática. Atinge 15 cm, exige muita luz e não produz flores. Água com 6,8 a 7.

Myriophyllum brasiliensis — rabo-de-raposa. Brasil. Folhas semelhantes a fios de penas. Boa para aquários de 18 a 25° C. Prefere luz solar, degenerando quando há pouca iluminação. É verde-azulada e suas folhas se fecham ao anoitecer. Semi-aquática, seus galhos crescem fora da água, formando uma coroa de folhas.

Sagittaria eatonii. Atinge 15 cm de altura, é maior do que a S. pusilla. Flores às vezes fora da água. Muita luz, principalmente solar e, neste caso, dá sementes férteis.

Sagittaria filiformis (ou S. gracilis). Folhas com pontas muito compridas. Fica natante com flores fora da água, quando o seu nível é muito baixo.

Sagittaria latifolia. E. Unidos. Suas folhas podem ser ovaes, redondas, em fita etc, o que a caracteriza. Atinge 35 cm, sendo a melhor para aquários grandes, por ser a mais resistente e de crescimento mais lento do que as menores. Propaga-se por bulbos que podem ser guardados no inverno, em areia molhada ou vidros de água.

Sagittaria platyphylla. Atinge 70 cm de altura, sendo uma espécie gigante, com folhas de 2 a 3 cm de largura. Quando a profundidade da água é pequena, as folhas podem emergir e produzem flores. Propaga-se por estolhos.

Sagittaria pusilla. É uma variedade anã, de 5 a 8 cm de altura. Produz flores brancas. Boa para aquários tropicais e temperados.

Sagittaria subulata. E. Unidos. Parecida com a S. natans e com a V. spiralis, mas esta tem as raízes mais finas e brancas, com folhas de pontas arredondadas, mais finas na base, enquanto que a subulata tem as raízes mais grossas, em pontas, e em geral amareladas. Além disso, sua cor é em 3 listas de diferentes tons de verde e na sagitária ela é uniforme. Também as flores são diferentes, pois na sagitária são como ramos de flores fora da água e na valisnéria são flores simples flutuando na superfície da água.

Synnema triflorum. Índia; Malásia; Tailândia e Burma. Parecida com a samambaia-da-água. Folhas com 12 cm de comp. por 6 a 7 de larg., cor verde mais clara e brilhante numa face do que na outra. Pedúnculo curto, caule de 2 a 5 mm de grossura e 60 cm ou mais de comp. As plantas vão ficando denteadas, formando rosetas. Prefere boa luz e 25° C. As folhas que saem da água são elípticas e pontiagudas, com bordas um pouco denteadas. Flores pequenas amarelas ou brancas. Pode ser podada quando cresce muito, saindo da água. Propaga-se por estolhos ou pedaços de talos ou folhas. Água com pH 6,8 a 7.

Vallisneria gigantea — valisnéria gigante. Filipinas e Nova Guiné. Atinge 60 cm de comp. por 2 a 3 de largura. Folhas verdes e brilhantes. Água com pH 6,8 a 7 e 25 a 35° C e nunca menos de 18° C. Ótima para aquários.

Vallisneria spiralis. Países tropicais de todo o mundo. Folhas radiais verdes com base esbranquiçada, 5 nervuras longitudinais e tabiques transversais. Raízes adventícias abundantes, rosadas e com pilosidades amarelas. Flores masculinas e femininas amarelas ou brancas. No aquário, sua reprodução é por estolhos. Boa para aquários tropicais e nunca abaixo de 15° C. Atinge 80 cm de altura e cobre todo o fundo do aquário. Gosta de muita luz.

PLANTAS FLUTUANTES OU NATANTES. São mais usadas em tanques e reservatórios do que em aquários ornamentais devido, não só à sombra que fazem, mas também ao seu grande crescimento horizontal que as torna invasoras, causando sérios problemas. Mesmo assim, apresentaremos algumas delas.

Azolla sp. Pequena planta flutuante de 2,5 cm, talos muito finos e ramificados, folhas pequenas, bilobuladas, isoladas, alternadas, submersas na parte inferior e flutuantes na superior. É em geral parasitada por uma pequena alga verde-azulada, a Anabaena azollae, encontrada em uma cavidade cheia de pêlos, dentro das folhas. Há diversas variedades como Azolla caroliniana, A. foliculoides (que no inverno fica cor de ferrugem), A. magallanica que é verde avermelhada, todas muito parecidas e boas para aquários de água fria e branda.

Eichornia crassipes — aguapé; jacinto-de-água doce; lírio aquático. Brasil e Américas. Folhas muito bonitas, verdes, muito brilhantes e em forma de coração. Parecida com os jacintos, inclusive suas inflorescências, em geral de 6 a 20 flores compridas, de cor cinza ao violeta. Exige muita luz, principalmente solar. Melhor para tanques, principalmente os de reprodução. Água de 25 a 30° C.

Lemna minor — lentilha d'água. Estados Unidos; Europa; Oeste do Pacífico. De forma oval, mede 1,5 a 2,5 cm de comp. por 1 a 1,5 de largura. Assimétrica, possui câmaras de ar na sua parte central. Tem raízes com 3 cm de comp. Sua cor é verde-amarela. Planta de superfície, também usada em tanques de reprodução. Flores brancas. Propaga-se por cadeia. Existem ainda a **L. parodiana** que possui manchas vermelhas na parte superior e é maior do que a L. minor e a **L. trisulca** com folhas triangulares em colônias, como se fossem ramos.

Pistia stratiotis — repolhinho d'água. Climas quentes de todo o mundo. É verde-clara, atingindo 20 cm de diâmetro. Folhas arredondadas e cobertas de pêlos, sendo as primeiras ao nível da água e as outras, espatuladas, levantadas, dando à planta um aspecto que lembra realmente o de um repolhinho. Produz flores masculinas e femininas. Raízes fortes e longas, com 15 cm de comp., branco-azuladas e submersas verticalmente. Exige muita luz solar, não sendo indicada para aquários interiores. Água de 18 a 30° C.

Riccia fluitans — rícia. A. do Norte, Europa e Ásia. Planta de superfície, tendo um aspecto comparado ao das galhadas dos veados, embora pareça uma cristalização. Exige um mínimo de 6 horas de luz por dia. Cresce com rapidez. Água com 15 a 25° C e pH 6,7. Alguns peixes a comem. Fornece sombra e abrigo para peixes recém-nascidos.

Salvinia natans — salvínia. Cosmopolita. Perene, de superfície, exige muita iluminação. Não indicada para aquários interiores porque é de vida muito curta. Possui talo horizontal, do qual saem carreiras de folhas normais e outras parecendo raízes, por serem muito finas e pilosas. Propaga-se por brotação ou cadeia.

Salvinia auriculata. Pode ser usada em aquários tropicais, desenvolvendo-se bem com água de 18 a 25° C e até mais quente.

Spiranthes odorata. Sudeste dos E. Unidos. É uma planta que para "pegar" e se desenvolver bem precisa possuir raízes bem desenvolvidas. Bonita, só há pouco foi adaptada a aquários, preferindo os velhos e com muitos peixes.

CAPÍTULO XIV

SAÚDE E DOENÇA DOS PEIXES

SAÚDE é um estado caracterizado pela atividade normal e regular no funcionamento, na estrutura e na composição dos elementos do organismo. Portanto, um peixe está com saúde quando está bem disposto, esperto, com bons reflexos, com apetite, nadando bem, com suas cores e brilho vivos etc.

DOENÇA. É o contrário de saúde e se traduz por modificações no funcionamento normal, na estrutura ou na composição dos elementos do organismo.

Algumas alterações do estado normal do organismo não são consideradas doenças, devido à causa ou às causas que lhes deram origem como, p. ex, aceleração das batidas dos opérculos e do coração, após sustos ou corridas pelo aquário.

COMO RECONHECER UM PEIXE DOENTE. Apresenta certos sintomas internos ou externos, que ele expressa através de sinais ou comportamentos que podem ser reconhecidos. Entre eles, podemos mencionar: perda ou diminuição do apetite; fica triste, "caído"; afasta-se de seus companheiros; recolhe-se à toca ou a um canto; reflexos diminuidos; procura se esconder; permanece na superfície quando aí não é sua zona, ou no fundo, quando é um peixe de superfície; forma de nadar anormal, em círculos, balançando, de maneira rápida com paradas bruscas, em posição vertical etc; esfrega-se no fundo, na cama, nas pedras etc para se coçar; olhos sem brilho, com manchas ou ferimentos, saltados (quando não for normal); pele opaca e sem brilho; perde a cor ou ela se altera de maneira parcial ou total (exceto nos peixes em que isso é normal em épocas de reprodução, idade, mimetismo etc); torna-se agressivo; nadadeiras fechadas; escamas levantadas; presença de substâncias como feltro, pelo corpo; manchas brancas, vermelhas ou outras, nas nadadeiras ou no corpo; avermelhamento ou inflamação nas brânquias; ânus avermelhado ou em prolapso (para fora); nadadeiras desfiadas ou rasgadas; podridão da cauda; qualquer ferida, calombo ou quisto no corpo ou nadadeiras; barriga "grande", inchada, dura, mole ou encolhida; opérculo perfurados; cor negra anormal no corpo ou nadadeiras; deformações na coluna vertebral, no corpo, nadadeiras ou maxilares; secreções e corrimentos anormais como pus, sangue, mucosidades, diarréias etc; aumento dos movimentos respiratórios ou dos batimentos cardíacos etc.

O QUE PRODUZ AS DOENÇAS. Para combatê-las, é preciso conhecermos suas causas. Podem ser **infecciosas,** por virus ou bactérias, como a tuberculose e a linfocistose; **parasitárias,** por parasitas (internos ou externos) como os vermes e os fungos e **orgânicas,** que não se transmitem, como o raquitismo.

PARA ESTUDAR AS DOENÇAS. Para lidarmos com as doenças, devemos levar em consideração: **Etiologia,** isto é, suas causas; **Patogenia** ou como se desenvolvem, **Sintomatologia** ou quais os seus sintomas; **Diagnóstico** ou como identificá-las; **Terapêutica** ou o modo de tratá-las e **Profilaxia,** que é o conjunto de medidas para evitá-las. Algumas doenças podem atacar tanto os peixes de água doce quanto os de água salgada.

Como o nosso objetivo é essencialmente prático, não nos vamos preocupar muito com a classificação ou nomenclatura das doenças, para as estudarmos, mas o faremos, às vezes, designando-as pelos seus nomes científicos, outras pelos populares e outras, ainda, por um dos seus mais evidentes sintomas. Além disso, elas estão em ordem alfabética.

COMO EVITAR AS DOENÇAS. Peixes sadios, bem alimentados e fortes, em geral não adoecem. Para evitá-las, no entanto, damos uma série de medidas com esse objetivo, como quarentena para todo peixe recém-chegado; colocar o número de peixes de acordo com o aquário; deixar a água descansar 15 a 30 dias no mínimo; só adquirir peixes sadios; isolar imediatamente qualquer peixe suspeito de doença; sacrificar peixes fracos, raquíticos ou mal desenvolvidos, porque contraem com mais facilidade as doenças e as transmitem aos outros; dar alimentação boa, farta e variada; sifonar qualquer matéria em decomposição, do fundo do aquário; manter a água sempre em boas condições; desinfetar bem, tudo que entrar no aquário, inclusive os peixes e, quando necessário, fazer o mesmo com o aquário e todos os acessórios.

CAPÍTULO XV

DIAGNÓSTICO OU COMO RECONHECER UMA DOENÇA

O nosso objetivo é sermos práticos. Por isso, daremos alguns sintomas locais ou gerais para auxiliar o aquarista na identificação das doenças, embora alguns deles, como a falta de apetite, nem sempre signifiquem uma doença, mas apenas um mal-estar passageiro, sem nenhuma conseqüência. Outros, no entanto, são essenciais para o diagnóstico. A interpretação de um sintoma nem sempre é fácil, sendo necessária muita prática. Aconselhamos que seja consultado um médico veterinário, um laboratório ou, na sua falta, uma pessoa competente. Não pode também haver padronização ou rigidez na interpretação dos sintomas, pois eles podem ser comuns a várias doenças, variando de indivíduo para indivíduo.

SINTOMAS E SUAS POSSÍVEIS CAUSAS. Passamos a apresentar os mais comuns sintomas que os peixes costumam apresentar e suas possíveis causas, para que possam ser combatidas. Basta depois, procurar no capítulo XVI, para encontrar cada doença e seu histórico.

ÂNUS AVERMELHADO — inflamação intestinal (enterite);

APATIA — constipação (prisão de ventre);

APETITE (perda ou diminuição) — indisposição passageira ou não; problema psíquico em peixes novos de aquário; doenças infecciosas, parasitárias ou orgânicas; alimentos inadequados; constipação; tuberculose;

AR EMBAIXO DA PELE — doença das borbulhas; gases em excesso, devido à sua maior pressão na água;

BARRIGA AUMENTADA E DURA, COMO SE HOUVESSE UM CAROÇO DENTRO — petrificação dos ovários;

BARRIGA GRANDE — ascite infecciosa (barriga d'água);

BARRIGA GRANDE, INCHADA — Oclusão intestinal; ascite; gases; aumento de órgãos internos; constipação;

BARRIGA GRANDE, AUMENTADA, MAS O PEIXE NÃO FICA REDONDO — quisto ovariano;

BARRIGA PARA CIMA, PEIXE NA SUPERFÍCIE — doenças da bexiga natatória;

BATIMENTOS ACELERADOS DO CORAÇÃO E DOS OPÉRCULOS — sustos; choques;

"BICHOS" GRUDADOS NO CORPO — sanguessugas; vermes; outros parasitas; Argulus;

BOCA SEMPRE ABERTA — falta de oxigênio; saprolênia; Ichthyophonus;

BOQUEJANDO PARA RESPIRAR — dactilogirose; falta de oxigênio; lepidortose contagiosa;

GUELRAS

BORDAS CINZAS E ENGROSSANDO — dactilogirose;

HEMORRAGIAS — íctio-veludo; traumatismo;

INCHAÇÃO — falta de oxigênio; pH alto ou baixo demais;

INFLAMAÇÃO — falta de oxigênio; pH inadequado; ictiozoose; lepidortose contagiosa, dactilogirose; vitaminoses;

MANCHAS BEM DELIMITADAS, VERMELHAS BEM VIVAS — tuberculose;

MANCHAS "DE TALCO" — monogenia;

Em cima — Disco Heckel (Symphysodon discus) e atrás, 2 discos azuis (S. aequifasciata haraldi). Em baixo — Acará-bandeira (Pterophyllum scalare). Fotos - Cães & Cia.

Tanictis (Tanichthis albonubes).
Foto - Cães & Cia.

Paulistinha (Brachydannio rerio)
Foto - Cães & Cia.

Beijador (Helostoma temmincki).
Foto - Cães & Cia.

Panchax (Aplocheilus lineatus).
Foto - Cães & Cia.

Aruanã (Osteoglossum bicirrhosum)
Foto - Cães & Cia.

Mato-Grosso (Hyphessobrycon callist
Foto - Cães & Cia.

PÁLIDAS — pH alto ou baixo demais; parasitas; cloro em excesso; aeromoniose; dactilogirose; papilomatose;

PÁLIDAS E INCHADAS — dactilogirose; papilomatose;

DESTRUIÇÃO PARCIAL — pH alto ou baixo demais; dactilogirose; cloro em excesso;

CAMADA BRANCA-AZULADA — girodactilose; Chilodonella: Chichlochaeta; costíase;

CAMADA DE PÓ BRILHANTE — íctio-veludo;

CORPO E PELE

CAMADA DE PÓ BRILHANTE SOBRE TODO O CORPO E NADADEIRAS — íctio-veludo;

CAMADA BRANCO-AVELUDADA — Oodinium;

CAMADA BRANCO-AZULADA — Chilodonella; Chichlochaeta; costíase; tricodina;

CAMADA ESBRANQUIÇADA E AVELUDADA FORMADA POR MINÚSCULOS PONTOS BRANCOS — Oodinium;

COCEIRA (PRURIDO) NAS REGIÕES ATACADAS PELOS PARASITAS DA PELE E GUELRAS — monogenia;

COR PRETA MAIS INTENSA DO QUE A NORMAL — melanoma e melanosarcoma (tumores); doença intestinal;

CROSTAS OU PLACAS BRANCAS COMO NÓDULOS DE COR CREME (5 a 20), DE 1 A 4 mm DE DIÂMETRO, NAS NADADEIRAS, BORDAS DOS OPÉRCULOS E DEPOIS SOBRE TODO O CORPO — linfocistose;

DESCOLORAÇÃO EM NEON E CARDINAL — plistoforose;

ECZEMA SANGÜÍNEO — hidropsia; Ichthyosporidium; tuberculose; ferimentos por brigas, acidentes, frio, produtos caústicos ou irritantes; parasitas; infecções;

ENTUMESCIMENTO DOS TECIDOS E HEMORRAGIAS — costíase;

ENTUMESCIMENTO E DESTRUIÇÃO DOS TECIDOS CUTÂNEOS — plistoforose;

EQUIMOSES E HEMATOMAS — cercárias; traumatismos;

EXCRESCÊNCIAS EM FORMA DE PEDRAS, NO DORSO — quilodonelose;

FERIDAS AVERMELHADAS — vitaminoses;

FERIDAS ORLADAS DE VERMELHO — argulose;

FERIMENTOS — brigas; acidentes; piolhos; fungos; outros parasitas;

FURÚNCULOS — furunculose;

MANCHAS VERMELHAS — hidropsia; tuberculose;

MUCO (EXCESSO) — lepidortose contagiosa;

MUCOSIDADE DA PELE (DIMINUIÇÃO) — várias doenças;

MUCOSIDADE SAINDO PELO ÂNUS — enterite;

NECROSE E EPITÉLIO DESCOBERTO — lepidortose contagiosa;

NÓDULOS OU CALOMBOS EM QUALQUER PARTE DO CORPO — tumor benigno; tumor maligno; abcesso; quisto de verme; quisto simples;

NÓDULOS EM GRUPOS — linfocistose;

NÓDULOS PARECIDOS COM COUVE-FLOR (VERRUGAS) — papilomatose;

QUISTOS OU NÓS NA PELE (NÃO CONFUNDIR COM O ICHTHYOPHITYRIUS) — esporozoários (parasitas);

QUISTOS EMBAIXO DA PELE — vermes como os Cucullanus elegans e Paramercis crassa; doença dos nós;

QUISTOS NO INTERIOR DOS MÚSCULOS — esporozoários;

OPACIDADE — alcalose;

OPACIDADE BRANCA-AZULADA — quilodonelose;

PELE AVERMELHADA — avitaminose; irritação por produtos na água; piolho d'água; sanguessugas;

PLACAS OU ULCERAÇÕES — ictiofonose;

PÓ AMARELO PELO CORPO E NADADEIRAS — veludo ou ictioveludo;

PONTOS BRANCOS COMO TALCO (1 mm de diâmetro), DO TAMANHO DA CABEÇA DE UM ALFINETE — Ichthyophithyrius; doença do veludo;

PONTOS BRANCOS MAIORES (2,5 mm de diâmetro) — cercárias (vermes);

PONTOS CORROÍDOS NA PELE, ÀS VEZES COM SANGUE — doença dos pontos vermelhos; das nadadeiras; dos laberintídeos;

PONTOS MUITO PEQUENOS AMARRONZADOS — diplostomíase;

PONTOS NEGROS SOB A PELE (1 mm de diâmetro) — milosomose; cercárias, diplostomíase;

PELE COM ASPECTO DE VELUDO, QUANDO AS LESÕES COBREM GRANDES ÁREAS — doença do veludo (pilulariose);

PONTOS VERMELHOS CLAROS NA PELE E NADADEIRAS — doença dos pontos vermelhos dos laberintídeos;

PONTOS VERMELHOS — Argulus foliaceus (parasitas);
TUFOS DE ALGODÃO — saprolênia;

VERRUGAS, PRINCIPALMENTE NA BOCA — papilomatose.

OLHOS

AUSÊNCIA DO OLHO (OLHO PERDIDO) — queda por crescimento anormal, como nos peixes japoneses;

CATARATA — verme no olho (Hemistomun spathaceum);

CEGUEIRA — vazamento ou queda total de um ou dois olhos; ferimentos; fungos; parasitas como Prolaria ou Diplostomum; tuberculose; opacidade da córnea;

FERIMENTOS NA RETINA — mordidas de outros peixes; parasitas; ulcerações; traumatismos;

OLHOS NO FUNDO OU AFUNDAMENTO DOS OLHOS — magreza; coccideose; Trypanoplasmose;

EMBACIADOS — intoxicações;

SALTADOS — exoftalmia (pop-eye); glugea; hydropsia; Ichthyophonus; tuberculose; inflamação; aeromoniose;

SEM BRILHO, TURVOS — opacidade da córnea; ferimentos; fungos; outros parasitas como Copepode, Diplostomum, Ichthyophonus; Gyrodactylus;

NAS NADADEIRAS

BORDAS ESBRANQUIÇADAS OU TURVAS — apodrecimento (necrose); Ichthyophonus; saprolênia;

DESFIADAS (PODRIDÃO OU NECROSE) — alcalose; infecções bacterianas; intoxicações; apodrecimento; tuberculose; Chilodonella; Oodinium; Costia; aeromoniose;

DESTRUIÇÃO TOTAL — hidropsia; podridão; Ichthyophonus; traumatismos;

ENEGRECIMENTO DA CAUDAL E DEPOIS DEFORMAÇÕES DA COLUNA VERTEBRAL, CABEÇA E MAXILARES — milosomose;

PONTOS HEMORRÁGICOS NA BASE DAS NADADEIRAS E NO CORPO — gymnodactilose;

INFLAMAÇÃO NAS BASES, PRINCIPALMENTE DAS NADADEIRAS PEITORAL E CAUDAL — ictiozoose;

DOBRADAS OU FECHADAS — acidose; choque; íctio-veludo; intoxicações; parasitas como Ichthyophithyrius (íctio), ichthyophonus etc.

VERMELHAS (CONGESTÃO OU INFLAMAÇÃO) — superalimentação; temperatura inadequada; queda brusca de temperatura; aeromoniose;

CAUDA PERDE MOBILIDADE ATÉ FICAR PARALISADA — lepidortose contagiosa;

NADADEIRA CAUDAL PRETA, QUANDO NÃO É SUA COR NATURAL — milosomose;

NADADEIRAS SENDO SACUDIDAS E O PEIXE INQUIETO, AGONIADO, SE ESFREGA CONTRA TUDO O QUE ENCONTRA — urticária; doença do veludo (pilulariose); fungos; parasitas (Argulus, Chilodonella, Copepoda, Costia, Dactylogirus, Diplostomum, Gyrodactylus, Ichthyophthyrius; Oodinium);

TURVAS OU OPACAS — costíase;

RAIOS SANGÜÍNEOS — costíase;

TOCOS SOMENTE — podridão bacteriana das nadadeiras;

MANEIRA DE NADAR

PEIXE CAÍDO NO FUNDO E IMPOSSIBILITADO OU QUASE DE NADAR OU SUBIR À SUPERFÍCIE — inflamação, paralisia ou outro problema da bexiga nadatória;

CORRIDAS SÚBITAS E RÁPIDAS, COM PARADAS BRUSCAS — gimnodactilose;

NADAR AGONIADO, SEM PARAR, INCLUSIVE À NOITE, PRINCIPALMENTE EM NEONS — plistoforose;

NADAR AOS BALANÇOS — costíase;

NADAR AOS BALANÇOS, CAMBALEANTE, GIRANDO SOBRE SEU PRÓPRIO EIXO, EM CÍRCULOS — acidose; ictiofonose; traumatismos ou ferimentos; diplostomose; intoxicações; glugea; hidropsia; ictiofitiriose; plistoforose; octomicose; costíase; botulismo;

NADAR LENTO — lepidortose contagiosa;

NADAR LENTO, DANDO VOLTAS — ictiozoose;

NADAR DE CABEÇA PARA BAIXO — Coccideose; doenças da bexiga natatória;

NADAR EM POSIÇÃO OBLÍQUA À NORMAL — plistoforose;

OPÉRCULOS

ENTREABERTOS — pressão das guelras quando aumentadas, com fungos, vermes ou dactilogirose;

FUROS SOBRE OS OPÉRCULOS — vitaminoses;

FALTA DE PARTE DE UM OU DOS DOIS OPÉRCULOS — falta de vitaminas e sais minerais;

DIVERSOS

DESCAMAÇÃO — tuberculose; doença das manchas vermelhas dos peixes de aquário; lepidortose contagiosa;

DIARRÉIA AMARELA — coccideose;

EMAGRECIMENTO ACENTUADO — fome; octomicose ou seca; tripanoplasmose; papilomatose;

ENTORPECIMENTO — ictiofonose;

ESCAMAS ERIÇADAS — acidose; hidropsia;

ESCAMAS, PERDA PRINCIPALMENTE NO DORSO — lepidortose;

ESCAMAS VIDRADAS — ictiofonose;

FEZES AMARELAS — coccideose;

FEZES DURAS E COMPRIDAS COMO FIOS SAINDO DO ÂNUS — constipação;

INFLAMAÇÃO DO FÍGADO (hepatite) — ictiófonus;

INFLAMAÇÃO INTESTINAL (enterite) — alimentação defeituosa; parasitas; intoxicações;

INFLAMAÇÃO DOS ÓRGÃOS GENITAIS — ictiófonus;

INFLAMAÇÃO DOS OVÁRIOS — ictiófonus;

INQUIETAÇÃO E EXCITAÇÃO — intoxicação;

INTESTINO SAINDO (PROLAPSO), FICANDO SUA MUCOSA À MOSTRA — inflamação intestinal (enterite);

INSTINTO DE FUGA (PERDA) — aeromoniose; lepidortose contagiosa;

LÁBIOS FERIDOS — ferimentos; vitaminoses;

LÁBIOS COM FORMAÇÕES, LINHAS OU MANCHAS BRANCO-AZULADAS EM SUA VOLTA — doença do algodão;

LÁBIOS COM LESÕES COM ASPECTO DE MACERADAS — doença do algodão;

MANDÍBULAS DEFORMADAS — osteomalácia (amolecimento dos ossos); acidentes; doença congênita ou hereditária;

MORTE SEM REAÇÃO — intoxicação;

RESPIRAÇÃO ACELERADA — monogênia;

RESPIRAÇÃO DIFÍCIL — intoxicação; falta de oxigênio;

TÍMIDO, O PEIXE AFASTA-SE DOS OUTROS — prostação nervosa;

PEIXE TODO INCHADO (EDEMACIADO) — hidropsia;

PEIXE TRISTE, PARADO, RECOLHIDO A UM CANTO OU À TOCA — indisposição passageira ou não; fator psíquico em peixe recém-capturado; diversas doenças; alimentos inadequados; medo de outros peixes ou de predadores; plistoforose, principalmente em neons; pouco oxigênio ou elevado índice de gás carbônico; poluição da água; pH, DH, alcalinidade etc inadequados; ácido tânico oriundo de troncos de madeira inadequada para aquários;

SEMPRE NO FUNDO — prostação nervosa;

SONOLÊNCIA — tripanoplasmose;

TUFOS COM ASPECTO DE ALGODÃO — saproleniose.

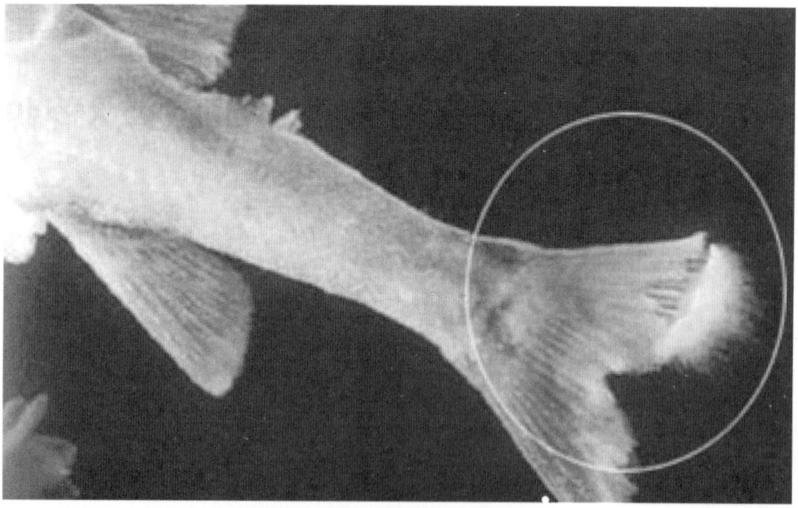

Saproleniose ou doença do algodão

CAPÍTULO XVI

ALGUMAS DOENÇAS, DISTÚRBIOS E AFECÇÕES DOS PEIXES

Quando um peixe adoece é preciso identificar a doença, não só para tratá-lo, mas também para evitar que se transmita a outros peixes, quando for infecciosa ou parasitária. No caso de doenças incuráveis, devemos sacrificar o paciente para que não sofra sem possibilidade de cura. No caso de doença orgânica, que não é transmissível, o aquarista poderá decidir se o conserva ou não, dependendo essa decisão de sua raridade, seu valor estimativo, aspecto etc. O importante é iniciar o tratamento logo no início da doença, após isolar o doente no aquário hospital, onde deve ficar até à cura. Esse aquário pode ser de 50 ou 60 litros e forrado por fora, com um pano ou papel escuros, para que o peixe fique mais calmo.

Passamos a estudar, de maneira prática, algumas doenças dos peixes, com a preocupação de orientar os aquariófilos, para que possam tomar, de imediato, as providências cabíveis, evitando maiores problemas.

ACIDOSE. Significa baixa do pH da água para 5,5 ou menos. Esses limites são para peixes que exigem pH mais elevado, neutro ou alcalino. Sintomas: eriçamento das escamas e nadadeiras fechadas. O peixe fica nadando em voltas, girando sobre si mesmo, vêm os tremores e ele morre, se não for corrigido o pH.

ALCALOSE. Pode provocar o apodrecimento das nadadeiras e ocorre quando o pH da água vai a 8 ou 9, principalmente quando ela é mole. Muita planta e muita luz concorrem para o seu aparecimento. Quando as condições da água são as citadas, o bicarbonato de cálcio se transforma em carbonato de cálcio insolúvel que ataca as guelras e as nadadeiras, produzindo o seu desfiamento. Provoca, também, a opacidade da pele. Corrigindo o pH, o problema desaparece.

ÂNUS AVERMELHADO, COM SAÍDA DE MUCOSIDADE OU CATARRO INTESTINAL. Trata-se de uma inflamação dos intestinos (enterite) por alimentação defeituosa como a administração de um só alimento rico em princípios nutritivos, alimentos secos, falta de vitaminas, excesso de proteínas ou de gorduras etc, bem como a ingestão excessiva de tubifex ou larvas vermelhas de quirodomídeos mal lavados. Tratamento: suspender a alimentação por uma semana e reiniciá-la, aos poucos, com alimentos vivos ou dar os secos, até parar a saída de mucosidade do ânus. Sintomas: perda de apetite, emagrecimento e saída da mucosidade ("catarro") pelo ânus. É mais comum nos peixes novos do que nos adultos.

ARGULOSE OU PIOLHOS D'ÁGUA. É causada em geral pelo Argulus foliaceus, um crustáceo parasita de 4 a 5 mm o macho e 7 mm a fêmea. Suas mordidas causam pequenas feridas orladas de vermelho, quando a fêmea se fixa, em geral na barriga do peixe. O macho vive livre na água.

Possui 2 ferrões para se fixar no peixe e uma "tromba" para sugar-lhe o sangue. A fêmea se solta do peixe para fazer a postura sobre as plantas e paredes do aquário. Mesmo quando o parasita não é visto, as manchas vermelhas na pele do peixe podem significar os locais de onde sairam as fêmeas.

Retirar os parasitas com uma pinça, mas com cuidado para não ferir o peixe, sendo melhor tocá-lo com um algodão molhado em água salgada, que ele se solta logo. Desinfetar o aquário e tudo que nele estiver, para evitar que o parasita se reproduza e vá infestar outros peixes.

AVITAMINOSES E HIPOVITAMINOSES. São causadas pela falta total a primeira e por deficiência de vitaminas, a segunda, devido ao fato de os peixes comerem sempre os mesmos alimentos que não possuem as vitaminas necessárias ou elas são em proporções inadequadas. Sintomas: furos sobre os opérculos, guelras inflamadas, feridas avermelhadas pelo corpo, lábios feridos e em geral atacados por fungos. Tratamento: trocar a água e administrar um complexo vitamínico durante 4 semanas ou, no caso de o peixe recusar alimentos flocados, dar o medicamento sobre outro alimento como artêmia, p. ex. Alimentação variada é a melhor maneira de prevenir as vitaminoses.

BARRIGA GRANDE. Não sendo fêmeas "cheias", alevinos com o saco vitelino ou bem alimentados, de "barriga cheia", pode ser sintoma de ascite infecciosa ou hidropsia pelo Aeromonas punctata, hipertrofia (aumento) de órgãos internos, gases, prisão de ventre etc. Muitas vezes isso é decorrente de uma alimentação defeituosa, bastando corrigi-la para que o paciente volte ao normal. Para isso, suspender a alimentação durante uma semana e reiniciá-la aos poucos, com alimentos vivos.

BRANQUIITE (INFLAMAÇÃO DAS BRANQUIAS). É um sintoma causado pelo excesso de trabalho produzido pelas brânquias para compensar o baixo teor de oxigênio na água, evitando que o peixe morra asfixiado. Sintomas: brânquias inflamadas, indiferença geral e, às vezes, manchas brancas pelo corpo. Tratamento: colocar o peixe em um aquário com 15 a 20 cm de água limpa, bem oxigenada e com boa aeração. Dar pouco alimento vivo.

CATARATA VERMINÓTICA. É causada pela larva de um verme, o **Hemistomum spathaceum,** cujo adulto é parasita de pássaros aquáticos e cujos ovos saem com suas fezes, caindo na água onde eclodem e as larvas vão infestar o peixe. Não há transmissão de peixe a peixe, porque o verme precisa de uma ave como hospedeiro intermediário, para que se torne infestante.

CHOQUE. É um acidente comum em peixes recém-capturados ou quando são transferidos de aquários com diferentes temperaturas (choque térmico). Quando intenso, pode ser fatal. Sintomas: aceleração dos movimentos respiratórios, o peixe nada com as nadadeiras dobradas e se esconde pelos cantos ou tocas. Quando se assusta, foge apavorado. Tratamento: separar o peixe em outro aquário, deixá-lo bem quieto, dar-lhe um abrigo e iluminar o aquário, quando necessário.

COCCIDEOSE OU EIMERIOSE. É causada por um parasita, um coccídeo, a Eimeria cyprini. Sintomas: olho fundo, fezes amarelas e o doente nada de cabeça inclinada para baixo. Tratamento: banho rápido em solução de sal, 20 g para 5 litros de água.

COLORAÇÃO PRETA. Pode ser uma doença intestinal (quando a cor não é a normal do peixe). Quando a região que fica preta é a cauda, podemos suspeitar de uma Mylosomose, principalmente quando vem acompanhada dos sintomas dessa doença.

CONGESTÃO OU INFLAMAÇÃO DAS NADADEIRAS. Elas ficam congestionadas (vermelhas) devido à maior quantidade de sangue nelas existentes. Suas causas são, em geral, temperatura inadequada, esfriamento ou superalimentação.

CONSTIPAÇÃO OU PRISÃO DE VENTRE. Sintomas: perda de apetite, apatia, gases saindo do ânus, fezes duras e compridas como filamentos pendurados no peixe e por ele sendo arrastadas, quando nada; ventre aumentado, ficando ele com a barriga grande. Causas: defeitos de alimentação, principalmente quando dados alimentos secos e enquitréias.

Alimentação variada, e com alimentos vivos como minhocas, larvas de mosquitos etc, evita o seu aparecimento. Tratamento: dar óleo de rícino ou outro laxante especial vendido no comércio. Podemos dá-los por via oral (boca), embebidos em alimentos secos ou sob a forma de clister, por via anal.

Deixar o peixe jejuar alguns dias e depois dar-lhe os alimentos vivos já mencionados, exceto minhocas brancas, porque provocam constipação.

COSTÍASE. É produzido pelo Costia necatrix, flagelado de 15 a 20 micra, que só ataca quando o peixe tem queda de resistência. Localiza-se principalmente sobre as nadadeiras moles que ficam opacas ou turvas. Há entumescimento dos tecidos e hemorragias.O peixe passa a nadar aos balanços e fica cada vez mais fraco. Não é comum em peixes tropicais. O parasita morre em 30 a 50 min quando fora do peixe, em água acima de 30°C. Quanto maior, mais resistente é o peixe, embora possa morrer, se não tratado.

DACTILOGIROSE (FLUKES). Produzida pelo Dactylogirus, verme parasita de 4 olhos e 2 trombas ligadas às glândulas que secretam um líquido irritante. Típico das guelras, é mais perigoso que o Gyrodactylus. O paciente boqueja, suas guelras aumentam, ficam pálidas, salientes e com as bordas engrossadas, forçando os opérculos a ficarem entreabertos. O parasita se fixa no peixe por meio de um disco especial e introduz sua tromba para sugar-lhe o sangue. Reproduz-se por ovos. No início da doença, podemos tentar o tratamento com azul de metileno, 2 mg por litro de água; 2 ml de formalina a 40% para 10 l de água, banhos de 30 a 45 min, retirando o peixe, logo que apresente sinais de angústia. Usar aeração durante o tratamento. Após 3 dias, trocas metade da água e depois de mais 3 dias, trocar, também metade da água. Banho de sal comum, 10 a 15 gr por litro de água, 20 min; ácido acético glacial, 1 parte para 500 partes de água, repetindo 3 dias depois; formaldeído, banhos de 5 a 10 min. Pouco comum nos aquários de peixes ornamentais. Quando a infestação é grande, pode haver destruição do tecido branquial e rutura de vasos, com a morte por asfixia ou hemorragia.

DEFORMAÇÕES DOS MAXILARES. São provocadas, em geral, pelo Mylosoma cerebrais, como na milosomose.

DESCAMAÇÃO. Pode ser sintoma de tuberculose.

DIPLOSTOMÍASE. Produzida pelo verme Neodiplostomum cuticola, em sua forma larval e que fica enquistado, cercado por células pigmentares que dão, por fora, a impressão de pontos pretos. Quando os pontos são muitos pequenos, são amarronzados. O quisto contém o verme que vive enrolado e com movimentos muito lentos. Para que infeste um peixe, é preciso que complete seu ciclo evolutivo: um pássaro aquático serve de hospedeiro para o parasita que se localiza no seu intestino. Ao defecar, lança os ovos do verme na água, onde eclodem e as larvas infestam caramujos, passando deles para os peixes. Quando o peixe é comido por uma ave aquática, recomeça o ciclo evolutivo. Para evitar a doença, basta não ter caramujos no aquário.

DOENÇA DO ALGODÃO; FUNGO BUCAL; MOFO-DOS-PEIXES; LIMO-DOS-PEIXES. Muito contagiosa, causada pela bactéria Flexibacter columnaris, ataca peixes marinhos e de água doce. Sintomas: formações, linhas ou manchas branco-azuladas em volta dos lábios dos peixes, os quais ficam inchados, as partes atacadas necrosadas e depois com as lesões com aspectos de maceradas;

perda de apetite; os movimentos vão se tornando lentos, toda a parte frontal da cabeça é atacada e o peixe morre. O nome popular "mofo dos peixes" está errado, pois é uma doença por bactéria e não por fungo. O corpo do animal fica revestido por uma camada que parece limo.

DOENÇA DO NEON OU PLISTOFOROSE. É produzida pelo Plistophora hyphessobryconis (esporozoário). Ataca principalmente os neons tetra e outros como os paulistinhas, o espada, o engraçadinho, etc.

Sintomas: perda de apetite, nada sem parar, inclusive à noite; fica muito agoniado, nada em posição anormal (oblíqua); apresenta descoloração, como nos casos do neon tetra e do cardinal, nos quais começa como manchas que se estendem até atingir sua faixa fosforescente; fica separado do cardume; emagrece, ficando desbarrigado; há endurecimento e destruição dos tecidos. Ataca os rins.

DOENÇA DAS BORBULHAS. Causas: super aeração da água ou aumento da sua pressão gasosa sobre o peixe, fazendo com que os gases que seriam por ele eliminados, se acumulem debaixo da pele, podendo até matá-lo. Uma boa aeração ou a troca, mesmo que parcial, da água, resolvem o problema.

DOENÇA DOS NÓS. É um nome dado a várias doenças que apresentam os mesmos sintomas, mas causas diferentes. Sintomas: quistos ou nós na pele, confundidos, às vezes, com os do Ichthyophthirius ou com bolhas ou bolsas provocadas por processos ocorridos no interior dos músculos.

Esse grupo de doenças é produzido por esporozoários, parasitas protozoários em forma de amebas, que se reproduzem enquistando no hospedeiro e produzindo centenas ou milhares de esporos de 4 a 20 micra. São encontrados nos órgãos dos peixes, mas raramente na pele, onde são confundidos com os do Ichthyophthirius, mas que não podem ser curados com azul de metileno ou quinino, como ele.

Entre os desse grupo temos o Alburnus lucidus; Glugea anomala; Henneguya sp; Leucistus rutilus; Myxolobus dispor; M. exiguus e M. oviformis. Dificilmente atacam um aquário.

DOENÇA DOS PONTOS DAS NADADEIRAS DOS LABERINTÍDEOS. É causado pelo Pseudomonas fluorescens. Sintomas: pontos corroídos, às vezes vermelhos cor de sangue na pele e pontos vermelhos claros na pele e nadadeiras. É em geral acompanhada por uma infestação por fungos. Essa bactéria vive livre, sendo uma das mais comuns em aquários. Nos laberintídeos não há o aparecimento de ulcerações ou tumores, como ocorre nas lampréias e enguias.

Sintoma principal: presença de uma camada de pó brilhante sobre todo o corpo, nadadeiras, cauda e guelras, onde causa hemorragias e onde deixa seus filamentos. Começa provocando certa irritação e dificuldade respiratória, inclusive aceleração dos movimentos respiratórios. Perda de apetite, movimentos lentos, nadadeiras permanecem dobradas, vem a perda do equilíbrio e o peixe morre.

Quando o parasita penetra no cérebro, há descoordenação de movimentos. Podem aparecer úlceras na pele, com cistos do parasita. São encontrados no coração, fígado, baço, rins, estômago, intestinos e órgãos reprodutores.

Os cistos são como que grãos cinza-esbranquiçados ou laranjas contendo o parasita e encontrados entre os tecidos, parecendo pedrinhas ou areia. Devem ser retirados com uma pinça. Essa doença pode se espalhar rapidamente. Em geral surgem doenças secundárias.

DOENÇAS DA BEXIGA NATATÓRIA. Sintomas: anormalidades no nadar, pois o peixe fica com a cabeça caída para baixo e para à frente, não consegue ficar nivelado e tem dificuldade para subir à tona, permanecendo às vezes no fundo ou então na superfície, de barriga para cima. Sua causa em geral é alimentar, devido a uma alimentação deficiente e não variada.

Basta que seja corrigida a alimentação para os sintomas desaparecerem. Pode ter outras causas como uma paralisia da própria bexiga natatória, por mudança brusca ou acentuada da temperatura. Neste caso, baixamos o nível da água a no máximo 3 vezes a altura do peixe na sua posição normal, pois sendo obrigado a permanecer no fundo, deixa de absorver ar, aumentando suas probabilidades de cura, já bem grandes. Degeneração da bexiga natatória, sintoma de doença infecciosa como a ascite (pelo Ichthyophonus) são outras de suas causas. Os distúrbios do equilíbrio podem ter outras causas como produção de gases intestinais (mesmo tratamento que para a constipação). Não é mortal e o peixe pode viver muito tempo. Boa alimentação e controle da temperatura a evitam.

DOENÇAS DA PELE. A pele do peixe tem uma camada exterior, a **epiderme,** que secreta um muco viscoso cobrindo todo o corpo do peixe, como uma verdadeira película protetora contra bactérias, fungos, etc. e que aumenta muito quando a pele fica irritada por picadas, ferimentos, etc. A sua diminuição pode ser sintoma de anormalidade. A **derme**, camada inferior da pele, é formada por feixes de tecidos bastante vascularizados. As escamas são nela fixadas por ligamentos e cobertas por células epteliais. Quando alguma bactéria penetra no alvéolo onde se fixa a escama e provoca uma inflamação, há logo a produção de exudato (líquido) que causa uma pressão forçando o **eriçamento das escamas.** Sob a derme estão as células gordurosas, enquanto entre ela e a epiderme, ficam os cromatóforos ou células pigmentares que dão as cores aos peixes. Os peixes com saúde têm sua cor normal. Uma palidez ou descoloração podem significar alteração passageira, mimetismo, doença ou um choque que ocorre em geral quando um peixe tropical, p. ex. é colocado em aquário com água fria ou sofre mudanças bruscas de temperatura.

EMAGRECIMENTO; OCTOMICOSE. Quando o peixe emagrece muito, não sendo por fome, podemos pensar em tuberculose e depois em octomicose, produzida por um flagelado que vive em seus órgãos internos, o Octomitus. Ataca os peixes vivíparos, o Cichlasoma, o Discus, o Heterandria, o Scalare, etc.

ENVENENAMENTO OU INTOXICAÇÃO. Causas: ingestão de alimentos estragados, águas poluídas e outras de ordens química ou biológica. Não é doença mas pode ser mortal, se o peixe não for removido do aquário contaminado e colocado em outro com água limpa, nova e de boa qualidade.

ESCAMAS ERIÇADAS. Pode ser em todo o corpo ou em apenas algumas partes. Quando é generalizada, encontramos pontos ver-

1 — púncio (Puntius semifasciolatus)

2 — colisa (Colisa lalia)

3 — festivo (Cichlasoma festivum)

4 — acará-branco

5 — molinésia (Molinesia velifera)

6 — neon tetra (Paracheirodon innesi). Fotos Cães & Cia.

1 Limpa-vidros

2 Calceus (Chalceus macrolepidotus Cuvie

3 — cabomba

4 — samambaia d'água

5 — elodea

6 — Hygrofila. Fotos Cães & Cia.

melhos ou equimoses pelo corpo e nadadeiras. As escamas podem ficar dilaceradas e até mesmo cair, se o peixe sofrer alguma fricção. Elas ficam eriçadas devido à pressão dos líquidos contidos nos tecidos, bastando fazermos uma pressão sobre uma escama, para que debaixo dela saia esse líquido.

Podem ser sintoma de várias doenças como hidropsia pelo Vibrio piscium e muito contagiosa ou pelo Bacterium lepidorthosae (lepidortose). Sintomas: curso lento; levantamento das escamas 3 a 4 semanas depois da contaminação; movimentos lentos; respiração acelerada; cauda fica paralisada; doente fica só perto da superfície e morre em poucos dias. Quando a infecção é aguda, nem há eriçamento das escamas, mas as manchas na pele da barriga, sempre aparecem.

Nor aquários, ocorre principalmente nos laberintídeos e com mais freqüência, nos betas e peixes-paraíso. Embora contagiosa, não provoca epizootias.

EXOFTALMIA, OLHOS SALTADOS OU POP-EYE. Mais comum nos peixes de água salgada do que nos de água doce. Pode ser uma simples inflamação, podendo o peixe curar-se; uma hemorragia dos capilares, por pressão interna de gás; uma hidropsia, etc.

Em geral devemos sacrificar o doente. Pode ser conseqüência de tuberculose ou infecção pelo Pseudomonas punctatus, embora nem sempre ele seja encontrado nas lesões. Sintomas: 1 ou 2 olhos aumentados, parecendo que vão saltar das órbitas. Os escalares são muito sujeitos a ela. Tratamento: o mais simples é com o banho de sal durante 36 horas e depois aplicação de um colírio específico

FERIDAS OU FERIMENTOS. Quando no olho ou na retina, podem ser causados por picadas de outros peixes, crustáceos, parasitas ou mesmo ulcerações. Nas feridas das nadadeiras, pele e brânquias, notamos a pele rosada. A cauda em geral é a mais atingida. Podem ser causadas também por crustáceos das guelras, piolhos ou doenças dos órgãos internos, como a ictiofonose, p. ex. Quarentena: 3 a 8 dias, embora não haja contágio.

DESTRUIÇÃO TRAUMÁTICA DAS NADADEIRAS. É causada em geral por brigas, pontas de pedras ou manuseio inadequado. Nos betas há regeneração dos tecidos, enquanto que nos outros peixes, uma cicatrização.

FLUKES. Vêr girodactilose.

FUNGOS NOS OLHOS. É muito perigosa, porque eles podem penetrar no cérebro, com fatais conseqüências. O tratamento é diferente dos usados para as outras fungoses e, para isso, pegamos um bastonete com algodão na ponta, molhado com uma solução de nitrato de prata a 1% e o aplicamos sobre o olho infestado. Fazemos depois um segundo toque, mas com uma solução a 1% de bicromato de potássio, para evitar uma reinfestação e colocamos o doente em um banho de bicromato de potássio, 1 g para 30 l de água, até à cura. Durante esse tempo, repetir o tratamento local.

FUNGOS. As feridas dos peixes são em geral atacados por fungos, sob a forma de uma placa fina e macia sobre toda a região lesada. Pode ser fatal.

FUNGO BUCAL. Vêr doença do algodão.

GIMNODACTILOSE. Muito contagiosa, produzida pelo Gymnodactylus apresenta como **sintoma,** o fato de o doente dar corridas súbitas e rápidas e paradas também bruscas.

GIRODACTILOSE. Causa: Gyrodactylus, verme cego de 0,5 a 0,8mm de comprimento, que tem uma ventosa na boca e um gancho na cauda, pelo qual se fixa no peixe.

Este vai ficando cada vez mais pálido, a pele produz mais mucosidade e com manchas ou pontos hemorrágicos também nas nadadeiras. Mesmo quando as guelras não são afetadas, há respiração acelerada. O peixe fica triste, cansado, com os movimentos cada vez mais lentos, permanece na superfície e morre. A confirmação da doença pode ser feita em laboratório.

HIDRA DE ÁGUA DOCE. É um pequeno animal medindo 2 cm de comprimento, cujo corpo é formado por um verdadeiro saco com um orifício único, que serve de boca e ânus e pelo qual entram os alimentos ingeridos e saem os excrementos.

Sua multiplicação é muito rápida, infestando todo o aquário, com grande rapidez. Como ataca e come peixes pequenos, deve ser combatida. Para impedir sua entrada no aquário devemos examinar rigorosamente todas as plantas antes de serem nele colocadas e lava-las com água corrente.

HIDROPSIA. Causada pelo Aeromonas punctatus, comum nos ciprinideos, mas relativamente rara nos outros peixes de aquário, principalmente tropicais, muito resistentes a ela. A mortalidade dos doentes é de 30 a 40%. Produz deformações, úlceras, ascite (barriga d'água), etc.

Na **forma generalizada,** os doentes ficam muito inchados (edemaciados) e, por isso, suas escamas ficam muito eriçadas, chegando a formar um ângulo de 90° em relação ao corpo ou então sob a **forma localizada,** com os mesmos sintomas, mas localizados apenas em algumas partes do corpo.

ÍCTIO, ICTIOFITIRIOSE OU PONTO BRANCO. É a mais temida pelos aquaristas, a mais comum e perigosa, liquidando todos os peixes, se não for combatida a tempo. A falta de luz concorre para que apareça, porque diminui a resistência dos peixes, pela queda do teor de oxigênio da água e diminuição de microorganismos que lhes servem de alimantos, bem como mudanças bruscas de temperatura. Sintomas: grande número de pontinhos brancos e redondos do tamanho da cabeça de alfinete (0,5 a 1 mm de diâmetro) no corpo e nadadeiras, ficando o peixe todo salpicado de branco; muita coceira causada pelos parasitas; o peixe se esfrega em tudo o que encontra, para se coçar (pedras, cama, etc). **Sintomas:** movimentos diminuidos; fecham as nadadeiras; ficam parados e deitados no fundo. Pode apresentar uma placa que em poucos dias se desprende, vai ao fundo, se rompe e solta centenas de parasitas que vão infestar outros peixes. Quando o parasita está "maduro", os pontos brancos debaixo da pele ou nas guelras se rompem, soltando de 600 a 1.200 esporos que vão infestar outros peixes, morrendo na água, em 2 ou 3 dias, quando não os encontram. Na água são mais fáceis de serem combatidos. Diagnóstico: a olho nu, pela observação direta dos quistos. Quarentena: 2 a 4 semanas para peixes tropicais e 4 a 8 para os de água fria.

O Ichthyophthrius multifilis, parasita unicelular que a produz, aparece ao microscópio como um núcleo escuro em forma de ferradura e com um movimento giratório característico, com o auxílio de seus cílios vibráteis, o que não ocorre com o Oodinium. A pele se irrita e reage, envolvendo o germe com uma camada celular (pele). Alimenta-se de sangue, causando uma anemia cada vez mais profunda e causando a morte. Quando ataca as guelras, o peixe morre por asfixia.

Acontece que às vezes o parasita desaparece espontaneamente do aquário, mas reaparece quando um peixe novo é aí colocado, mesmo que esteja sadio. É doença essencialmente de peixes de água doce, morrendo o parasita em água slgada. Há um Ichthyophthirius de água salgada. Elevar a água a 30°C durante vários dias, trocando o peixe de aquário, é um meio de combater essa doença.

ICTIOFONOSE. Muito espalhada, de diagnóstico difícil, é produzida pelo Ichthyophonus hoferi, parasita medindo 5 a 20 micra de diâmetro. Transmite-se por esporos, através de alimentos contaminados por esse germe que se desenvolve no estômago e intestinos, sendo eliminados pelas fezes. Alguns perfuram a parede do intestino e são levados pelo sangue para diversos órgãos como coração, fígado etc., onde ficam sob a forma de pequenos nódulos pardos ou pretos. Quando eles se rompem, órgãos são atacados e o peixe morre. Ela só aparece quando o parasita é levado por alimentos, materiais ou peixes contaminados, mas as más condições da água facilitam sua difusão. Os peixes a transmitem uns aos outros através de feridas e abcessos ou pela ingestão de peixes mortos por ela. No estômago, o quisto se rompe, soltando as larvas infestantes. **Sintomas:** Os primeiros são difíceis de serem identificados, são muito variados e podem ser perda de apetite; entorpecimento; olhos saltados, nadadeiras dobradas; peixe escondido a maior parte do tempo; têm instabilidade para nadar e movimentos estranhos; fica no fundo, com a barriga inchada e todo inchado (edemaciado); pele e escamas ficam como que vidradas; o doente vira sobre o seu eixo e fica balançando; forman-se, às vezes, placas ou ulcerações na pele; emagrecimento; pele desbota; nadadeiras perdem pedaços; boca sempre aberta. O doente às vezes só morre após 6 meses.

ICTIOZOOSE. Infecto-contagiosa por virus, ataca os peixes de água doce e às vezes os marinhos. A mortalidade de doentes é acima de 90%. Como uma causa predisponente, temos o "stress" por temperatura, com água abaixo de 15°C. **Sintomas:** inflamação nas bases das nadadeiras, principalmente peitorais. O doente nada devagar e descontrolado, dando voltas e ficando à superfície da água e até com parte do corpo de fora. Fica também no fundo, virando de lado. Morre em poucas horas. Outro sintoma é que a boca e estômago ficam cheios de barro.

INFLAMAÇÃO DO ESTÔMAGO (GASTRITE). É provocada, em geral, por muito sal nos alimentos. Não ocorre quando dados alimentos vivos. **Sintoma principal:** avermelhamento da mucosa estomacal.

INFLAMAÇÃO INTESTINAL (ENTERITE). Prende-se geralmente a problemas de alimentação, quando os peixes recebem somente alimentos secos ou vivos. Variar a alimentação evita esse distúrbio. **Sintomas:** não podem ser vistos externamente, exceto alguns gerais como perda de apetite, escurecimento da cor, etc., mas que podem significar outras doenças. Na necrópsia, vemos os intestinos vermelhos, inflamados, veias bem visíveis e as paredes engrossadas, enquanto que os órgãos ficam aumentando, às vezes 1,5 vezes o seu tamanho. Pode aparecer um líquido sangüíneo nos intestinos, expelido quando fazemos pressão sobre a barriga do peixe. Fezes amarelas ou vermelhas, podem significar enterite.

INTOXICAÇÕES POR METAIS. Objetos, pedras com traços de cobre, alimínio, zinco, etc. em contacto com a água, produzem sais tóxicos para os peixes. **Sintomas:** olhos embaciados, dificuldade respiratória, inquietação ou excitação e depois o doente fica balançando na água e acaba morrendo deitado no fundo ou na superfície, mas sem nenhuma reação. O tratamento leva de 20 min a vários dias. Fazer testes de cobre, NO^2, etc., e verificar se não foi feita alguma pulverização, mesmo com "spray", perto do aquário. Trocar a água, manter o peixe em água de boa qualidade e uma boa aeração é o indicado, além de verificarmos a causa da intoxicação, para combatê-la.

INTOXICAÇÃO POR NITRITOS (NH^3). Superpopulação, água não estabilizada e excesso de alimentos são as suas causas. **Sintomas:**olhos embaciados; dificuldades respiratórias; doente inquieto, fica balançando na água e morre deitado no fundo ou na superfície, mas sem qualquer reação. Tratamento de 20 min a alguns dias. Trocar a água e manter o peixe em água nova bem estabilizada.

INTOXICAÇÃO POR SUBSTÂNCIAS QUÍMICAS. Como desinfetantes, detergentes, inseticidas, resíduos diversos, fumaças de cigarros e charutos, etc. **Sintomas** e tratamento: os mesmos de intoxicação por nitritos.

LEPIDORTOSE. É infecto-contagiosa, produzida pelo Bacterium lepidorthosae, pelo Vibro anguillarum e outros, segundo alguns autores. Ataca peixes tropicais. **Sintomas:** perda de escamas por todo o corpo e mais no dorso; movimentos cada vez mais lentos; respiração acelerada e a cauda vai ficando paralisada. O doente fica na superfície, perde a noção de fuga e morre em mais de 80% dos casos, quando não há tratamento. Os peixes sadios são portadores e a transmissão é direta ou indireta, pela água contaminada. Dura 3 a 4 semanas.

LIMO-DOS-PEIXES. Vêr doença do algodão.

LINFOCISTOSE. É contagiosa, produzida por um vírus de localização cutânea. Ataca a pele e nadadeiras, sendo em geral de evolução benigna. Ataca os peixes marinhos e alguns de água doce (macropodos). Em alguns desaparece em 6 ou 7 meses. A reação da pele produz crostas brancas semelhantes a placas em forma de 5 a 20 nódulos característicos, de cor creme, lisos ou rugosos, de 10 a 20 mm de diâmetro sobre as nadadeiras e as bordas dos opérculos branquiais e depois sobre todo o corpo.

Em geral ocorre uma infecção bacteriana secundária, prejudicando ainda mais o paciente. É mais comum no verão e a quarentena só é indicada em caso positivo da doença. Os sadios podem ser portadores do virus. Incubação: 40 a 50 dias e o tratamento deve ser feito por várias semanas, até à cura. A infecção secundária, quando aparece, pode ser controlada pelo ozônio ou raios ultravioleta. Aparar as nadadeiras afetadas, com uma tesoura bem afiada e pincelar as partes contaminadas e os locais dos cortes, com uma tintura de iodo, 1 parte para 3 de água. O peixe-paraíso e outros são mais atacados. Separar os doentes e desinfetar o aquário.

MONOGENIA. Parasitária, ataca a pele e as guelras e pode ser mortal. **Sintomas:** coceiras nas zonas atacadas e respiração bem acelerada, além dos parasitas nas guelras, como manchas de talco. As formas larvárias vivem na água à espera de um hospedeiro, sendo fáceis de combater.

Tetra preto (Gymnocorymbus ternetzi).

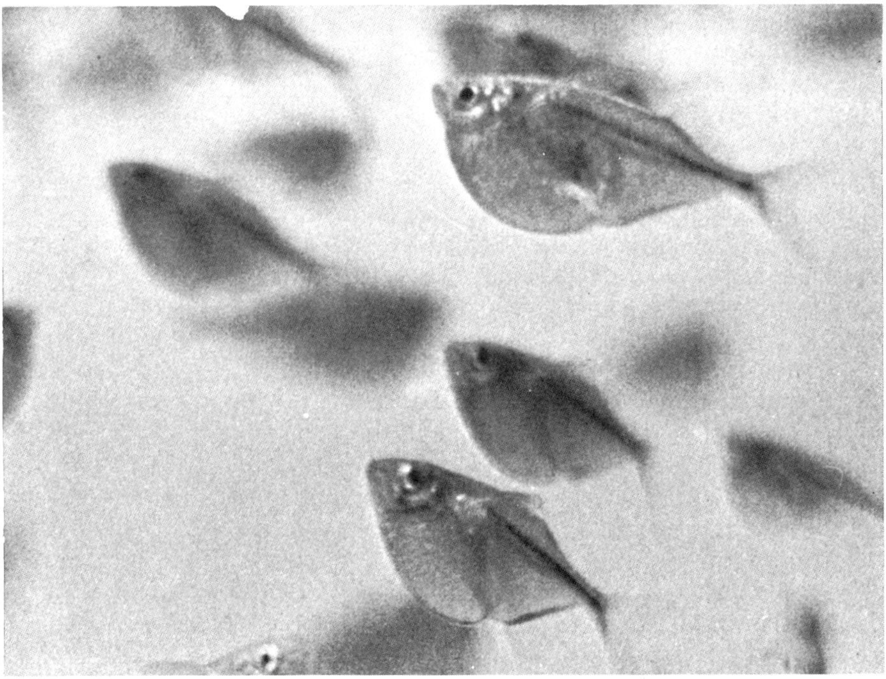

Papudinha (Thoracocharax stellatus). Fotos do Autor.

MILOSOMOSE. É incurável e produzida pelo parasita Mylosoma cerebralis, que infesta o peixe, nele se reproduzindo formando esporos. Quando morre, os esporos contaminam o fundo do aquário. Ataca pouco os peixes de aquário, sendo comuns nas criações de trutas. **Sintomas:** movimentos rotatórios, enegrecimento da cauda e depois deformações da coluna vertebral, da cabeça e maxilares.

NADADEIRAS DESFIADAS. Doença infecciosa por bactérias e em geral mortal. **Sintomas:** putrefação de todas as nadadeiras ou só da caudal. Nesses locais costumam aparecer pequenos pontos vermelhos bem visíveis. Os peixes mais pigmentados são os mais atacados, como os molinésias pretos. Quase sempre aparece uma doença secundária, em geral por fungos, sempre prontos a atacar as partes feridas. Há o **tratamento cirúrgico** (quando a doença está muito avançada), com a extirpação das partes afetadas e necrosadas (mortas) e o **terapêutico,** quando ainda no início ou até certo ponto.

NADADEIRAS ENCOLHIDAS OU DOBRADAS, quando o peixe se esfrega em tudo o que encontra, inclusive na cama, em geral está infestado pelo Ichthyophthirius e deve ser tratado. (Ver ictiofitiriose).

NÓDULOS SOBRE A PELE E AS NADADEIRAS, DOENÇA DO VELUDO OU PILULARIOSE. É produzida pelo Oodinium pilularis, sendo conhecida por "doença do veludo" porque, quando a infestação é muito grande, cobrindo uma grande extensão dá, à pele, o aspecto de um veludo cinza-pardacento. Aparecem nódulos sobre a pele e deslocamento de escamas. O peixe sente muita coceira, se esfrega em tudo o que encontra para se coçar, emagrece e morre em 2 semanas ou um pouco mais. Raramente ataca os vivíparos, mas o faz com os Barbus, Colisas, Hiphessobrycon, Nannostomus, B. panchax, Platy, Poecilus, Aphyosemion, Rasbora, Tanichthys, Xiphophorus e mesmo os dourados.

OCLUSÃO INTESTINAL. É causada por alimentação defeituosa, sem variar, alimentos ainda congelados, com pouca fibra, não volumosos ou mesmo em excesso. O peixe perde o apetite, recusa alimentos e fica com a barriga inchada. Tratamento: o mesmo que para a constipação. Suspender a alimentação por 2 ou 3 dias e dar, para os herbívoros, um verde como algas, confrei, alface, etc.

e, quando carnívoros ou omnívoros, alimentos vivos como minhocas, tenébrio, etc. Nos casos mais graves, dar 1 ou 2 gotas de óleo de rícino, na boca.

OCTOMICOSE OU SECA. É a mais comum doença que, além da tuberculose, provoca um grande emagrecimento do peixe sendo, por isso, chamada de "seca". É produzida por um protozoário, o Octomicus, sendo de cura difícil, porque o parasita vive nos órgãos internos do peixe. O doente emagrece muito e sua barriga vai encolhendo, parecendo que ele está secando.

OLHOS NO FUNDO. Pode ser fome, ascite infecciosa ou infestação pelo Trypanoplasma, que vive nos intestinos das sanguessugas e são por elas transmitidos, quando sugam os peixes.

OPÉRCULOS ABERTOS. Pode ser uma dactilogirose. As bordas das guelras ficam cinzas e engrossando, fazendo com que os opérculos permaneçam antreabertos. Não é muito comum nos aquários, mas pode aparecer em escalares, lebistes, etc.

PAPILOMATOSE DOS PEIXES. Doença infecto-contagiosa do grupo dos tumores. Caracteriza-se por formações cutâneas (verrugas) como uma couve-flor, principalmente na boca (mandíbulas), embora apareçam também em qualquer parte, como costas, lados, barriga e cauda. Quando os tumores não o permitem, o peixe não come e morre em pouco tempo, magro e de inanição. Quando porém eles não o atrapalham, apesar da doença, aparenta boa saúde, come e respira normalmente, mas também acaba morrendo caquético. O número de papilomas é, em geral, de 10, no máximo. O seu tamanho aumenta com o tempo, atingindo 6cm. São brancos, passam a marrons ou castanhos claros e novamente a esbranquiçados.

PARASITAS INTERNOS. São em geral transmitidos por alimentos vivos. Ocorrem raramente em aquários com um bom manejo, porque os vermes necessitam de mais de um hospedador para completar o seu ciclo evolutivo e não os encontram. Quando ocorre uma infestação, é porque os ovos ou larvas infestantes foram introduzidos nos aquários por materiais, alimentos ou animais vivos, como tubifex, camarões, larvas de mosquitos, etc. Como exemplos, temos o Cucullanus elegans transmitido pelo Cyclops e o Clinostomum complanatum, pelos caramujos. Este último forma quistos debaixo da pele e deve ser retirado com uma pinça, após uma incisão com bisturi, sendo o local desinfetado. Outro verme é o Paramercis crassa, que vive nos órgãos internos do peixe, mas que provoca uma inchação generalizada na sua região dorsal.

PELE TURVA OU OPACA. **Sintomas**: apatia, enfraquecimento, perda de apetite, manchas esbranquiçadas por todo o corpo, avermelhamento e hemorragias. Esfrega-se contra tudo o que encontra e levanta as nadadeiras dobradas e com sangue; movimentos anormais, em forma de balanços. Suas causas são infestações por Trichodina, Costia e outros parasitas.

PETRIFICAÇÃO DOS OVÁRIOS. É em geral devido a uma desova não realizada, ficando a fêmea "cheia". Suas causas são desconhecidas. A paciente pode viver assim, com os ovários petrificados (duros como pedras), durante muito tempo. **Sintomas:** diferentes dos do quisto, pois os ovários não crescem tanto, são duros e, externamente, a barriga fica dura e não mole, como nos casos dos quistos.

PODRIDÃO BACTERIANA OU NECROSE DAS NADADEIRAS. Como causas predisponentes, temos queda brusca de temperatura, água de má qualidade ou velha, que provocam um enfraquecimento do peixe. Produzida pelo Pseudomona puntacta, ataca, não só molinésias, mas também os Barbus, Colisas, Tetras neon, Trichogaster leeri, alguns caracídeos do gen. Hemigrammus, etc. Aparece como uma pequena turvação nas bordas das nadadeiras, lesão essa que vai aumentando, as nadadeiras apodrecendo e diminuindo de tamanho, ficando apenas alguns tocos. Aparar as nadadeiras desfiadas com uma tesoura.

PROSTAÇÃO NERVOSA. Os peixes ficam tímidos, fastam-se dos companheiros, deixam de comer e ficam no fundo. É causado por problemas da água. Completar sobre o nível da água, mas só com água fresca e de boa qualidade ou substituí-la total ou parcialmente, nas épocas adequadas, para evitar que se alterem sua qualidade e composição química, para não prejudicar os peixes. Manter a temperatura elevada, pois se trata de peixes tropicais. É aconselhável substituir 1/3 da água.

QUILODONELOSE. É produzida pelo Chilodonella cyprini, um ciliado de 60 micra de comp. por 45 de largura e transmitida por contacto direto entre doente e sadio. **Sintomas:** opacidade branca-azulada e no dorso umas excrescências em forma de pedras, que depois se desprendem. O parasita ataca as guelras, ficando o peixe asfixiado. O doente se esfrega contra tudo, na tentativa de se livrar das coceiras. Aparece com freqüência, mas não causa epizootias. Só ataca quando os peixes estão com as defesas diminuídas, atingindo mais os peixes dourados, os gupies e os Brachydanios, sendo o parasita encontrado na secreção da pele.

QUISTO OVARIANO. Suas causas não são bem conhecidas, ficando os ovários cheios de um líquido amarelado ou avermelhado. Devido ao aumento de volume, comprimem os órgãos vizinhos. Revelam sua presença pelo aumento do volume do ventre, embora o aspecto seja diferente de quando a fêmea está "cheia" ou com ascite, pois no caso do cisto, ela não fica tão arredondada. Naturalmente a fêmea com quisto não desova.

SANGUESSUGA (Piscicola geometra). É muito prejudicial aos peixes porque os incomoda com suas mordidas e fica presa a eles, provocando traumatismos. Além disso, suga o seu sangue, causando-lhes anemias cada vez maiores, até que, enfraquecidos, morram por perda de sangue, uma verdadeira sangria contínua. Pode ainda transmitir-lhes parasitas do sangue como o Trypanoplasma e o Trypanosoma sp, que causam a doença do sono.

Para evitar ferimentos, às vezes graves, não devemos arrancar as sanguessugas sem antes mergulhar o paciente infestado durante 1 minuto, em uma solução de sal comum, pois o parasita fica atordoado e cai ou é retirado com facilidade, com uma pinça.

SAPROLENIOSE, MOFO-DOS-PEIXES OU DOENÇA DOS FUNGOS. Os fungos crescem na pele, nadadeiras, branquias, boca, olhos, etc., bem como nas desovas, caracterizando-se por finos filamento que, quando se desenvolvem muito dão, às lesões, um aspecto de tufos de algodão. É produzida por fungos em geral dos gêneros Saprolegnia e Achlya e se propaga por esporos. Só atacam quando o peixe tem uma queda de resistência física, principalmente por ferimentos externos causados por brigas, arestas cortantes, etc. Peixes sadios e fortes, praticamente não são atacados por eles.

TREMORES OU "SHIMMY". São causados, em geral, por queda de temperatura. Tratamento: elevar a água a 29 ou 30°C. O peixe pode ficar com ligeiros tremores para o resto da vida.

TRIPANOPLASMOSE OU DOENÇA DO SONO. É causada pelos Trypanoplasma bancroft, T. carassi e T. chagesi, sendo transmitidos pelas sanguessugas ao picarem os peixes. **Sintomas:** anemia profunda, sonolência, olhos no fundo e emagrecimento. Suas guelras vão ficando muito pálidas devido à anemia. O doente pode ficar inclinado, com a cabeça apoiada no fundo, vai ficando cada vez mais fraco e morre.

TUBERCULOSE. É causada pela bactéria Mycobacterium cyprini, que ataca os peixes de água doce e os de água salmada, mas não ataca os animais de sangue quente e o homem. Atinge mais os peixes criados há muitos anos em aquários, como os betas, gupies, molinésias, etc., mas só o faz quando há uma queda de resistência, mesmo que passageira. **Sintomas:** perda de apetite, cansaço, emagrecimento, lentidão de movimentos, palidez, lesões abertas na pele, olhos saltados, transtornos do equilíbrio e movimentos giratórios; manchas delimitadas de cor vermelha bem viva nas guelras; destruição de nadadeiras; perda de escamas; deformações das mandíbulas ou da coluna vertebral e, às vezes, externamente, alguns nódulos. É de evolução crônica e o doente deve ser sacrificado. O diagnóstico mais garantido é por exames de laboratório. Nos tetras, o aparecimento de 2 pontos amarelos claros no pedúnculo caudal, pode ser um sintoma de tuberculose.

TUMORES. São neoplasias (novas formações), por crescimento e proliferação anormais de células e de tecidos. Os **benignos** não se reproduzem. Os **malignos,** cujo crecimento é diferente, vão soltando raízes e invadindo os tecidos vizinhos. O pior, porém, é que eles se multiplicam a partir de um tumor primário, podendo se transmitir à distância, atingindo qualquer parte ou órgão do corpo. São chamados de **câncer.**

VELUDO OU ICTIO-VELUDO. Parasitária e muito contagiosa, é causada pelo Oodinium limnecticum, cuja forma infestante é livre e mede 13 micra. Confundida com o íctio, seus sintomas são parecidos com os Ichthyophthyrius, embora as manchas, em geral, sejam menores e mais amareladas, ficando o doente como se estivesse "empoado" com um pó amarelo. O Oodinum que aparece nas lesões, isolado, possui um núcleo arredondado e não tem mobilidade. Ataca principalmente ciprinídeos, laberintídeos e poecilídeos. O parasita se reproduz por divisão, dentro do quisto, originando 200 ou mais formas jovens. É mais perigosa para os novos do que para os adultos.

VERMES ÂNCORA. O Lernaea cyprinacea e espécies correlatas são raros nos aquários. Crustáceo parecido com o Cyclops, mede 20 mm e possui um ferrão ou tromba. A fêmea penetra nos músculos dos peixes, enquanto que o macho é um parasita da sua própria fêmea.

VERMES NOS OLHOS. São em geral parasitas dos gêneros Prolaria e Displostoma, que se fixam sobre os olhos, provocando cegueira. Para se desenvolverem, necessitam de 3 hospedeiros intermediários: uma ave, que elimina os seus ovos, deixando-os cair na água, um caramujo aquático que é por ele infestado e do qual saem as cercárias com cauda bifurcada, que infestam os peixes.

ZONAS OU MANCHAS VERMELHAS NA PELE. São em geral picadas de piolho ou de sanguessugas. O piolho das carpas, o Argulus, é bem grande, perfura a pele do peixe, com uma "tromba", e injeta nele uma substância urticante e tóxica que além de provocar uma lesão na pele, com uma região avermelhada, ainda pode matar o peixe. Tratamento: extrair o piolho com uma pinça, tocando-o, antes, com sal, para que ele se solte logo. Desinfetar o local.

VERMINOSES OU HELMINTOSES. São causadas por vermes, os maiores parasitas que atacam os peixes. Podem ser internos (endoparasitas) e externos (exoparasitas). Os aquários são pouco atacados por eles, porque necessitam de mais de um hospedeiro para completar o seu ciclo evolutivo, não os encontrando onde em geral só vivem os peixes. Encontramos os vermes adultos no trato digestivo do doente, enquanto que as larvas ficam na área visceral ou na carne. Podem ser mortais. Retiram-se dos peixes, nas épocas certas e, não encontrando seu próximo hospedador, acabam morrendo.

PREVENÇÃO DE DOENÇAS NOS PEIXES. Muitas doenças dos peixes podem ser prevenidas com medidas simples de higiene, profilaxia e manejo correto do aquário. É muito importante que o aquarista tenha sempre em mente que a manutenção correta do aquário, que inclui a filtragem da água, iluminação correta e apropriada para cada tipo de peixe e plantas e todos os cuidados necessários para a correta manutenção do aquário são as principais medidas preventivas para evitarmos as doenças dos peixes. Como já foi mencionado, além do aquário principal, o aquarista deve ter um ou mais aquários-hospital, utilizados para isolar peixes doentes ou com suspeita de estarem com algum tipo de contaminação. Nestes aquários, os peixes devem receber os medicamentos indicados para cada tipo de doença ou problema de saúde.

IDENTIFICAÇÃO DAS DOENÇAS E PROVIDÊNCIAS NECESSÁRIAS. Quando o dono de um aquário começa a perceber algo "estranho" em um ou mais de seus peixes, deve imediatamente tentar identificar uma possível doença. Algumas doenças são de fácil identificação e tratamento enquanto que outras não têm cura conhecida. Entretanto, as doenças mais temidas são aquelas que precisam ser detectadas com a maior rapidez pois, do contrário, podem destruir todos os peixes do aquário. Podemos citar entre as mais temidas a tuberculose, que é uma doença que se desenvolve rapidamente e não tem cura conhecida. No caso de confirmação da doença, o peixe deve ser removido do aquário o quanto antes e ser sacrificado, sob pena de contágio generalizado nos demais peixes do aquário. Para a correta identificação de uma doença, devemos recorrer às descrições contidas neste capítulo ou, ainda, procurar uma loja de produtos para aquarismo, levando o seu peixe "suspeito" ou uma boa descrição da sua aparência ou comportamento. Os donos e funcionários de lojas de aquarismo costumam ser boas fontes de informação, podendo mesmo indicar se há e quais os melhores medicamentos para tratar do problema.

AGENTES CAUSADORES DE DOENÇAS. De uma maneira geral, as doenças dos peixes de aquário são causadas por fungos, bactérias e protozoários, entre muitos tipos de parasitas. Entretanto, apesar de serem os grandes "vilões" para a saúde dos peixes e do aquário como um todo, como já mencionamos, o manejo correto do aquário é vital para que os problemas não sejam desencadeados. Podemos afirmar que a grande maioria das doenças dos peixes poderia ser evitada se houvesse uma manutenção adequada no aquário. Para termos uma idéia mais precisa, podemos citar alguns dos itens que, se não forem devidamente controlados, tornam-se fatores predisponentes para doenças dos peixes. Vejamos a seguir:

AUMENTO DA TEMPERATURA DA ÁGUA - acelera o ciclo de vida e desenvolvimento de alguns protozoários, criando uma legião de parasitas soltos e prontos para "atacar".

QUEDA BRUSCA DE TEMPERATURA - Quando os peixes são submetidos a quedas bruscas de temperatura, alguns protozoários também acabam por se manifestar, atacando impiedosamente os alguns ou todos os peixes do aquário.

QUALIDADE DA ÁGUA - Os níveis de pH, dureza, resíduos sólidos em suspensão, aeração, entre outros, são de grande importância para a saúde dos peixes. Desta forma, um aquarista que não mantém um controle rigoroso sobre estes indicadores de qualidade acaba por expor seus peixes a possíveis doenças ou infestações causadas por fungos, bactérias e parasitas em geral.

AQUÁRIO "SUJO" - Quando não há um bom sistema de filtragem ou ou elementos filtrantes que já não conseguem manter a qualidade da água, o excesso de resíduos sólidos em suspensão na água acaba por se acumular na cama, paredes, plantas e elementos de decoração do aquário. Essa "sujeira" é um grande perigo para o aquário e para a saúde dos peixes, pois acaba por tornar o aquário e, especificamente os locais com acúmulo de detritos, num verdadeiro "criatório" de fungos e bactérias. Estes microorganismos, por sua vez, conseguem com facilidade atacar os peixes e trazer grandes problemas para o dono do aquário.

LESÕES OU FERIDAS - Lesões causadas por ataques de outros peixes, choques durantes o transporte ou qualquer outro motivo, são um ótimo ponto de partida para fungos que encontram, nessas feridas, uma ótima "hospedagem". Por essa razão, devemos tratar imediatamente qualquer peixe que apresente lesões, não importando sua extensão e, desta forma, estaremos prevenindo um "ataque" de fungos ao aquário.

ALIMENTAÇÃO INADEQUADA - Quando os peixes de um aquário não recebem alimentação adequada, com qualidade e quantidade indicada para cada espécie, estes acabam sofrendo uma queda de resistência imunológica e, desta forma, tornando-se mais vulneráveis a doenças. Além disso, os peixes acabam por competir pelo pouco alimento disponível, o que pode desencadear "brigas" e, conseqüentemente, ferimentos. É de vital importância que o aquariófilo mantenha a qualidade, quantidade e regularidade de alimentos disponíveis para os seus peixes.

Para ajudar no processo de alimentação dos peixes, existem aparelhos disponíveis no mercado que proporcionam, de maneira adequada, os alimentos nas quantidades corretas e nos horários determinados. São os alimentadores automáticos, aparelhos eletrônicos que, com um timer acoplado, libera de maneira automática os alimentos aos peixes. Acessório muito importante em casos de viagens.

INSERÇÃO "DESCUIDADA" DE PEIXES E PLANTAS NO AQUÁRIO. Uma das formas mais comuns de se contaminar peixes e plantas em um aquário é através da inserção descuidada de novos peixes ou plantas. Isso ocorre porque, os novos "moradores" podem estar infectados e, somente depois de colocados no aquário, percebemos o problema que causamos aos peixes e plantas que lá já estavam. O cuidado necessário é uma medida simples e, no caso dos peixes novos, consiste em deixá-los em um aquário de quarentena, observando se desenvolvem ou não algum tipo de moléstia. Só então, poderão ser colocados no aquário principal. No caso de plantas, que também podem ser colocadas em um aquário de quarentena, é vital que sejam devidamente lavadas, antes de serem colocadas no aquário principal, pois podem infectar, não só as outras plantas como trazer alguns fungos ou parasitas de peixes, causando assim um grave problema para todos os peixes do aquário.

TRATAMENTOS PARA AS DOENÇAS MAIS COMUNS. Existem no mercado, diversos produtos químicos e medicamentos específicos para o tratamento das moléstias dos peixes. Algumas doenças podem ser combatidas por mais de um tipo de medicamento e. em alguns casos, é necessário que usemos dois medicamentos de maneira combinada, simultaneamente ou de forma alternada. De uma maneira geral, podemos destacar os seguintes:

FUNGICIDAS - Os fungicidas são medicamentos específicos para doenças causadas por fungos. Costumam ser muito eficientes e acabam com muitas doenças, mesmo em casos mais avançados.

PARASITICIDAS - São medicamentos específicos para combater parasitas dos peixes.

ANTIBIÓTICOS - Os antibióticos são responsáveis pelo combate às doenças causadas por bactérias. Existem antibióticos específicos para determinadas doenças enquanto que, outras, são tratadas com os antibióticos conhecidos como de "largo espectro", que combatem a maioria das bactérias que atacam os peixes nos aquários.

CAPÍTULO XVII

ALGUNS PEIXES

Para facilidade de consulta, colocamos o nome científico dos peixes (em latim), seguido dos seus nomes populares em português, espanhol e inglês. Vêm depois o seu comprimento (em cm), a sua origem (país ou região), além de outras informações que consideramos interesantes.

1 — **Abramites hypselonotus (Günther) — abramites; Headstander.** 12 cm. Amazonas. Água de 24 a 30° C, mole e pouco ácida. Cabeça pequena em relação ao corpo. De marron escuro a cinza-amarelado com reflexos metálicos. Nadadeiras amarelas com manchas pretas e 7 barras verticais marrons escuras. Sexagem difícil. Omnívoro, prefere comer valisnérias, elodéias e cabombas. Mantem-se sempre em ângulo de 45°. Bom para aquários mistos.

2 — **Acanthophtalmus semicinctus Fraser & Brünner — peixe-cobra; Half-Banded Loach.** 8cm. Singapura e Vietnã. Água de 24 a 27°C. Em forma de cobra, marron com malhas simétricas marrons escuras ou amarelas. É um limpador como as rásboras, porque come os detritos, limpando o fundo do aquário. Come as algas que crescem sobre as plantas. Indicado para aquários mistos. É confundido com o "Kuhli" ou Coolie Loach. Há uma variedade albina.

3 — **Achirus errans Miranda-Ribeiro — aramaçã; soia; aramacá; linguado de água doce; Brazilian Freshwater Sole.** 10cm. Amazonas, rios Negro, Araguaia e Paraguai. Água a 26°C, mole e ácida. Muito procurado para aquários e também para alimentação. Prefere cama de areia. Come tubifex e peixinhos.

4 — **Aequidens portalegrensis (Hensel) — carazinho; Port Acara; Black Acara.** 12cm. Brasil, Porto Alegre. Água de 22 a 29°C e próxima a neutra. Marron esverdeado, ventre azul, faixa longitudinal bem larga saindo dos olhos e se alargando até à inserção

da nadadeira caudal. Nadadeiras transparentes, amarelas e com manchas azuis e marrons. Bordas dos opérculos e ponta do focinho, vermelhos. Macho com nadadeira dorsal e anal maiores e mais pontudas do que as da fêmea. Um dos melhores para criar em aquário. Omnívoro, prefere alimentos vivos como minhocas, tubifex etc., mas come também plantas e algas. Devora peixes menores. Monógamo, o casal deve ser separado em um aquário com plantas, pedras lisas e um pequeno vaso de barro virado de lado, para a desova. Suas cores se acentuam na época da reprodução. Postura de 1.000 a 2.000 óvulos. Eclosão em 48 horas. Quando os pais são perturbados, pode ocorrer o canibalismo.

5 — **Aequidens tetramerus (Heckel) — acaradola; acaracuaíma; acará-pixuna; acará-tonto;** 15cm. Amazonas ao Rio de Janeiro e Guianas. Água de 18 a 30°C e pH 6 a 7,4. Muito bonito, azul esverdeado com uma larga faixa negra. Parecido com o A. vittatus.

6 — **Anableps anableps Linnaeus — tralhoto; tralhote; quatro-olhos; tariota; quatro ojos.** 30cm. Brasil, Amazonas; Guianas à Venezuela. Água de 22 a 26°C e muito dura. Seus olhos são divididos em duas regiões distintas, sendo a superior adaptada à visão aérea, para a caça a insetos e a inferior, para que enxergue bem dentro da água, vindo daí o seu nome quatro-olhos. Nada sempre na superfície, com a linha d'água coincidindo com a linha média de seus olhos. Ovovivíparo, o macho tem a nadadeira anal transformada em gonopódio. Prefere peixinhos, mas come insetos, dáfnias, e alimentos secos. Vive em águas doce ou salobra.

7 — **Anoptichthys jordani Hubbs & Innes — peixe-cego-das cavernas; pez ciego de las cuevas; Blind cave characin.** 7 a 9cm. México. Água de 20 a 32°C. Considerado raridade, vive na região de São Luiz de Potosi. Por falta de função, pois a luz não penetra onde vive, seus olhos se atrofiaram, restando apenas vestígios deles sob a pele, sendo completamente cego. Corpo rosado, parece um lambari, o Astyanax fasciatus, do qual parece originar, existente na mesma região. Bom para aquários, embora os maiores sejam agressivos. Movimenta-se sem problemas, porque os outros sentidos se desenvolveram para suprir a falta da visão. Omnívoro. Ovíparo, se reproduz em cativeiro.

8 — **Anostomus anostomus (Linnaeus) — anóstomo; Anostomo rayado; Striped Headstander.** 10cm. Amazonas e Guianas. Água de 23 a 26°C, mole, pouco ácida ou neutra. Bom temperamento. Varia do verde-oliva ao rosa-dourado, com 3 barras longitudinais pretas marrons escuras saindo do focinho até ao pendúculo caudal. Nadadeiras transparentes. Sexagem difícil. Mais vegetariano que

omnívoro. Nada e come de cabeça inclinada para baixo, em ângulo de 45°. Precisa aquário grande e bem plantado. Gosta de picar as algas.

9 — **Anostomus trimaculatus (Kner) — Three-Spotted Headstander.** 20cm. Amazonas e Guianas. Água de 22 a 29°C, mole e um pouco ácida. Bom para aquários mistos. Sexagem desconhecida. Possui 3 marcas pretas, sendo uma no opérculo, uma no meio do corpo e outra na base da nadadeira caudal, que é vermelha. Escamas com pontos pretos, formando linhas longitudinais pelo corpo. Come alimentos vivos, cozidos e verdes como Sagitária e Cryptocorine.

10 — **Aphyocarax anisitsi Eingemann & Kennedy — rabinho-vermelho; Tetra de aletas rojas; Bloodfin.** 5cm. Argentina, rio Paraná. Água a 24°C, um pouco ácida ou neutra. Bom para aquário. Muito bonito, brilhante vermelho-vivo na cauda. Corpo brilhante azul-prateado. Sexagem difícil. Reproduz bem em aquário.

11 — **Aphyosemion australe (Rachow) — cauda-de-lira; pez lira; Afiosemion Cabo Lopes; Lyretail; Lyretail Panchax.** 5cm. Gabão. Água de 21 a 26°C, mole e ácida. Calmo e muito bonito, principalmente o macho, de coloração bem diferente da fêmea. Corpo alongado, dorso marron-acinzentado, opérculo e ventre azuis esverdeados com pontos vermelhos espalhados. Nadadeiras muito desenvolvidas, sendo as peitorais debruadas de laranja, a dorsal e a anal listadas de laranja, azul e púrpura e brancas nas pontas bastante salientes. A caudal é em forma de lira, laranja e com azul no centro, manchas vermelhas, bordas púrpuras e pontas brancas. A fêmea não é tão colorida e bonita como o macho, sendo marron-acinzentada com pontos vermelhos. Não recomendável para aquário misto. Prefere alimentos vivos como peixinhos, tubifex etc.

12 — **Aphyosemion bivittatum (Lönnberg) ou A. multicolor — panchax listado; afiosemion de dos lineas; Two-Striped Aphyosemion.** 6cm. República dos Camarões. Água de 21 a 26°C, velha e ácida. Sexagem fácil: macho marron-avermelhado, 2 linhas longitudinais marrons-escuras no corpo, nadadeira dorsal bem pontuda, rosa com pintas azuis e marrons e lista rosa, a anal azulada com pontas marrons e uma lista marron. Cauda azul com 2 listas, bordas e pintas marrons e a sua base amarela. A fêmea é menor, mas sua coloração e beleza não se comparam com as do macho. Agressivo para outros peixes. Nada de forma característica, dando corridas para a frente e freiadas bruscas. Come dáfnias, tubifex, artêmias etc. Eclosão difícil, leva 15 dias.

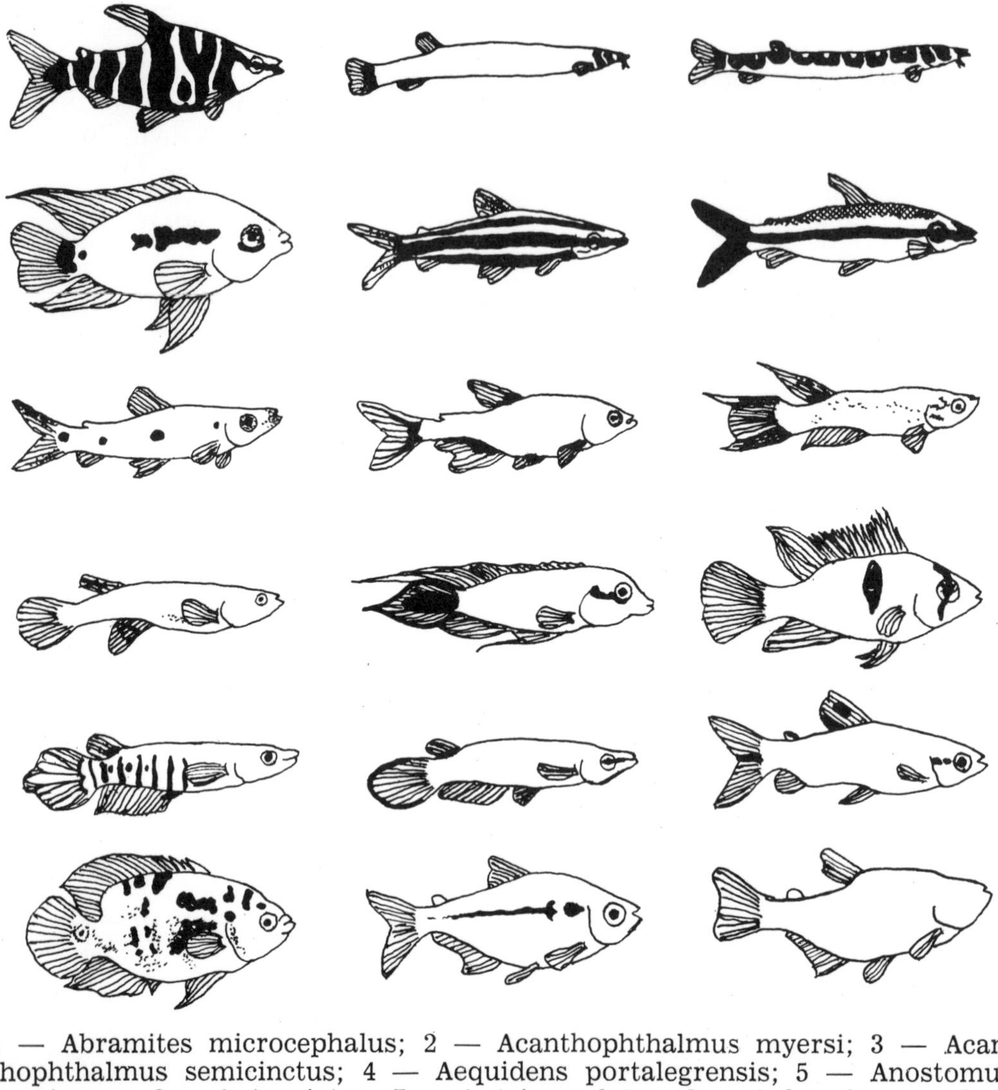

1 — Abramites microcephalus; 2 — Acanthophthalmus myersi; 3 — Acanthophthalmus semicinctus; 4 — Aequidens portalegrensis; 5 — Anostomus anostomus; 6 — A. taeniatus; 7 — A. trimaculatus; 8 — Aphyocharax rubropinnis; 9 e 10 — Aphyosemion australe australe; 11 — Apistogramma agassizi; 12 — Apistogramma ramirezi; 13 — Aplocheilus lineatus; 14 — Aplocheilus panchax: 15 — Arnoldichthys spilopterus; 16 — Astronotus ocellatus; **17 — Astyanax bimaculatus; 18 — Astyanax mexicanus.**

1 — Barbus bimaculatus; 2 — B. callipterus; 3 — B. conchonius; 4 — B. everetti; 5 — B. fasciatus; 6 — B. lateristriga; 7 — B. nigrofasciatus; 8 — B. schuberti; 9 e 10 — B. tetrazona; 11 e 12 — B. titteya; 13 — B. unitaeniatus; 14 — Botia macracanthus; 15 — Brachydanio albolineatus; 16 — Brachydanio rerio; 17 — Brachygobius; 18 — Callichthys callichthys.

13 — **Aplocheilus lineatus (Cuvier & Vallenciennes) (ou Panchax lineatus) — rubrostigma; aploqueilos; Panchax rayado; Panchax lineatus; Striped Panchax.** 10cm. Índia e Sry Lanka. Água de 24 a 30°C, mole, um pouco ácida ou neutra. É um dos mais lindos peixes de aquário, por suas belas cores e principalmente pelos reflexos metálicos de variadas cores e tonalidades. Macho verde-oliva a violeta, 4 a 5 faixas marrons verticais no corpo e o peito cheio de pontinhos vermelhos. Escamas com lindo brilho e reflexos verdes metálicos. Nadadeiras ímpares com pontos vermelhos e reflexos dourados. Cauda da mesma cor que o corpo, cheia de pontos azuis. Nadadeiras dorsal, caudal e anal debruadas de vermelho. A fêmea tem mancha preta na base da nadadeira caudal, é mais escura do que o macho e possui listas mais fortes e em maior número. Não colocar com outros peixes.

14 — **Apteronotus albifrons Linnaeus — ituí-cavalo; Black Ghost.** 48cm. Amazonas e Suriname. Água mole e um pouco ácida. Muito pacífico, é um interessante peixe de hábitos noturnos, carnívoro e cuja forma chega a ser exótica. Aceita alimentos secos, cozidos ou vivos. Come na mão do dono.

15 — **Astronotus ocellatus (Cuvier) — apaiari; acará-açu; acarauaçu; apiari; cará-grande; Cíclido de terciopelo; Cíclido pavo real; Peacock Cichlid; Velvet Cichlid; Oscar.** 30 cm. Amazônia; Venezuela; Guianas; Paraguai. Água de 22 a 29°C, quase neutra. É o maior acará do Brasil, chegando a 2kg. Corpo alto, achatado e relativamene curto. Pardo-escuro com manchas irregulares brancas, cinzas, negras e vermelhas pelo corpo, tem um ocelo negro bem grande, rodeado por um círculo brilhante amarelo-alaranjado na base da nadadeira caudal. Os filhos são de cor diferente. Come na mão do dono. Omnívoro, mas prefere peixinhos como gupies, barrigudinhos etc. Fácil reprodução. Come também caramujos, rações para cães ou frangos etc.

16 — **Barbodes lateristriga (Cuvier & Vallenciennes) — barbo lateristriga; Barbo T; T-Barb; Spanner Barb.** 20cm. Malaia; Bornéo; Sumatra; Tailândia. Água de 21 a 29°C, mole e um pouco ácida. Prata acinzentado com 2 listas pretas em forma de T. Alimenta-se de tudo, inclusive pequenos peixes. Não colocar com peixes menores.

17 — **Betta splendens Regan — peixe de briga; beta; Combatiente siamés; Pez luchador; Siamese Fighting.** 10cm. Tailândia e Malásia, Sudeste da Ásia. Água de 21 a 26°C. Boca de localização superior, com a abertura para cima, facilitando sua respiração na superfície da água. Corpo comprimido lateralmente. Fácil de criar.

Todos os belos betas foram obtidos pelo homem, a partir de uma forma selvagem marron amarelada, reflexos azuis metálicos e 3 listas longitudinais escuras no corpo. Nadadeiras médias e cauda arrendondadas. Existem, hoje, betas azuis, brancos, rosados de nadadeiras vermelhas, verdes, violetas, vermelhos etc., e ainda a variedade "butterfly" (borboleta), com o corpo de uma cor e as nadadeiras de outra. O macho, em todas as variedades e cores, tem as nadadeiras ventrais sempre vermelho-vivo. O nome peixe-de-briga vem do fato de os machos dessa espécie não poderem ficar juntos, sem que briguem com violência e, por isso, devem ser separados individual e imediatamente, logo que seja possível a sexagem. As fêmeas podem ficar juntas. Carnívoro, prefere alimentos vivos, mas come, também, pedacinhos de carne e fígado crus.

18 — **Botia macracanta (Bleeker) — botia; botia palhaço; Colmilleja payaso; Clown Loach.** 30cm. Sumatra e Borneo. Água de 21 a 24°C, limpa e bem oxigenada. É de coloração viva amarela-laranja com faixas verticais largas e pretas. Nadadeiras ventrais, peitoral e caudal vermelhas, enquanto as outras são amarelas. Bem ao lado dos olhos, possui um ferrão pontudo, embutido em um nicho, servindo para a sua defesa. De hábitos noturnos, precisa de aquário com plantas e pedras como refúgio. Come de tudo, inclusive restos de outros peixes. Devora os peixes menores. Dorme de lado, no fundo do aquário.

19 — **Brachydanio albolineatus (Blyth) — dânio pérola; Danio perla; Pearl Danio.** 6cm. Índia, Tailândia, Vietnã. Água de 22 a 25°C. Bom para aquários. Reprodução fácil. Muito resistente. É pérola-rosado com o dorso salpicado de ouro e 3 linhas longitudinais, sendo 2 azuis e 1 amarela, do meio do corpo ao pedúnculo caudal. Nadadeiras transparentes. Omnívoro, come de tudo, precisando de alimentos vivos.

20 — **Brachydanio nigrofasciatus (Day) — dânio riscado; Danio moteado; Spotted-Danio.** 5cm. Índia; Burma; Birmânia. Água de 22 a 25°C. Dorso marron-escuro e o resto do corpo branco-rosado com várias fileiras de pontos azuis. Nos lados, 2 linhas longitudinais azul-escuro separadas por uma faixa amarelo-castanho. Nadadeira caudal com a continuação de duas linhas azuis e a anal, uma carreira de pontos também azuis. As outras nadadeiras são transparentes. Possui "bigodes", vistos somente quando o peixe está excitado. Pacífico, come de tudo: alimentos secos, cozidos, vivos e preparados. Cria em aquário.

1 — Carassius auratus; 2 — **Carnegiella marthae** ; 3 — Carnegiella myers: 4 e 5 — Carnegiella strigata; 6 — Chalceus erythrurus; 7 — Chanda ranga; e 9 — Characidium fasciatum; 10 — Cheirodon axelrodi; 11 — Chilodus punc tatus; 12 — Cichlasoma meeki; 13 — Cichlasoma nigrofasciatum; 14 — Cichla soma festivum festivum; 15 e 16 — Colisa lalia; 17 — Colomesus psittacus 18 — Copeina arnoldi.

21 — **Brachydanio rerio (Hamilton & Buchanan) — paulistinha; zebrinha; Cebra; Pez cebrado; Danio pequeño; Stripped-Danio; Zebra Danio.** 5cm. Índia. Água de 21 a 32°C. Tem o dorso verde-oliva, ventre amarelo-claro, lados com listas longitudinais azuis e amarelas atravessando todo o corpo, desde o opérculo até às bordas da nadadeira caudal. Nadadeira anal atravessada por riscos longitudinais e as outras nadadeiras transparentes. Essas riscas dão uma certa coloração de zebra. Muito resistente, aceita mudanças de temperatura e de alimentação. Bom para aquários mistos. Reprodução fácil. Omnívoro, come inclusive alimentos vivos. Nada sem parar.

22 — **Brachygobios nunus Hamilton & Buchanan — abelhinha; Abejorro.** 4cm. Malásia e Vietnã. Água de 22 a 26°C. É marron escuro com 3 faixas verticais ouro-velho, a primeira pouco atrás do opérculo, a segunda no meio do corpo e a terceira próxima ao pendúnculo caudal. Nadadeira anal amarelo-ouro. Agressivo, de fundo, hábitos noturnos, deve ter um aquário só para ele.

23 — **Callichthys callychthys (Linnaeus) — tamboatá; camboatá; soldado; tamatá; tamoalá; Slender Armored Catfish.** 15cm. Brasil; A. do Sul. Água de 21 a 30°C. É cinza-ardósia escuro com reflexos lilases, conforme a iluminação. Nadadeiras transparentes salpicadas de cinza. Nadadeira adiposa bem na parte traseira do corpo. Possui 2 pares de barbilhões muito compridos. Sexagem só na época da reprodução, porque a fêmea fica muito mais gorda. Come de tudo, mas prefere alimentos vivos como peixinhos. Reprodução difícil e em tanque.

24 — **Capoeta oligolepis Bleeker — barbo oligolepis; barbo chocolate; Barbo isleño; Barbo iridiscente; Cheker Barb.** 5cm. Sumatra. Água de 23 a 27°C, mole e pouco ácida. Marron-chocolate com nadadeira dorsal ouro-velho. Fêmea muito menos colorida. Escamas em forma de placas abauladas. É um dos barbos mais bonitos e bom para aquários mistos. Fácil de criar em aquários bem plantados. Omnívoro, come de tudo.

25 — **Capoeta schulberti Ahl — barbo-ouro; Barbo dorado.** 7cm. China e Vietnã. Água de 23 a 28°C. Bela coloração ouro, cada vez mais intensa, com a idade. Macho com uma linha longitudinal salpicada de verde, do opérculo até ao pendúnculo caudal. Muito resistente e um dos mais belos peixes ornamentais.

26 — **Capoeta semifasciolatus (Günther) — barbo semifasciolato; Half-Striped Barb.** 8cm. China e Hong Kong. Água de 20 a 27°C, mole e pouco ácida. Pacífico, muito bonito, cor prata amarelada com pintas verdes escuras. Macho com nadadeira dorsal

amarelo-ouro. Bom para aquários mistos. Omnívoro, aceita alimentos vivos, cozidos e secos. Fêmea maior e de cores mais apagadas.

27 — **Capoeta titteya (Deraniyagala) — barbo titéia; Barbus cereza; Cherry Barb.** 5cm. Sry Lanka. Água de 22 a 28°C, mole e um pouco ácida. É vermelho-cereja com uma faixa longitudinal marron escura. Macho mais colorido do que a fêmea. Bonito peixe, bom para aquários mistos. Omnívoro, mas come muito vegetal como algas macias. Criação relativamente fácil.

28 — **Carassius auratus (Linnaeus) — japonês; peixe dourado; Pez rojo de China; Cola de velo; Ciprino dorado; Pez lhama; Goldfin.** 30cm. China. Água de 7 a 20°C. Segundo especialistas, existem 66 variedades desse peixe sendo que, no Brasil encontramos, entre outras, as cauda-de-véu, cabeça-de-leão, telescópio (olhos saltados), cometa e ovo. Embora o mais comum em aquários, é mais indicado para tanques bem plantados, onde se reproduz com facilidade. Fossa o fundo do aquário, arranca as plantas e turva a água. Precisa de muito oxigênio, sendo necessários 20 litros de água por adulto. Come de tudo, mas devemos evitar alimentos que fermentem como pão, por exemplo. Na época da reprodução os machos apresentam nódulos na base do opérculo. Filhotes nascem marrons esverdeados, da cor do peixe da China, que deu origem a todas as variedades hoje existentes. Cor e formatos normais começam a aparecer aos 3 meses de idade. Vive 20 anos ou mais.

29 — **Carnegiella marthae Myers — borboleta-de-asas-pretas; peixe-machado; Pez hacha alinegro; Black-Winged Hatchetfish.** 6 cm. Amazonas, Brasil; Peru; Venezuela. Água de 21 a 29° C, mole e pouco ácida. É o menor do gênero, mas muito interessante pelo seu formato e pela sua "pose", com as grandes nadadeiras pretas sempre viradas para cima, como em posição de vôo. O perfil do seu corpo é achatado lateralmente, terminando em um "gume" bem afiado como um machado (dai o seu nome). Corpo transparente castanho-esverdeado todo contornado por uma linha preta. Possui uma linha preta indo de trás do opérculo até ao pedúnculo caudal. Nadadeiras transparentes, exceto as peitorais, que são pretas. Peixe de superfície, não aceita comida no fundo. Prefere insetos, mas aceita alimentos secos, desde que fiquem na superfície da água, pois sua boca é virada para cima. Aquário com tampa, para que não salte para fora.

30 — **Carnegiella strigata strigata (Günther) — borboleta listada; Pez hacha jaspeado; Pez destral volador; Marbled Hatchetfish.**

7 cm. Amazonas e Guianas. Água de 26 a 32°C, mole e pouco ácida. Pacífico, muito parecido com o C. marthae, tem o corpo castanho-dourado com uma linha longitudinal dourada e o ventre riscado por listas transversais escuras. Mesma alimentação que o C. marthae. Sexagem difícil. Reprodução já conseguida em aquário.

31 — **Changa ranga Hamilton & Buchanan — peixe-vidro; Pez vidro; Pez de cristal; Glassfish; Glass Perch.** 5 cm. Índia e Birmânia. Água a 26°C, dura e um pouco alcalina. Pacífico, bom para aquários mistos. É tão fino e transparente que, apenas com os olhos, podemos ver no seu interior, todo o seu aparelho digestivo, como em uma vitrine, o que lhe deu o nome.

32 — **Characidium fasciatum Reinhardt — piquira; Banded characidium.** 7 cm. Amazonas, Brasil, ao rio da Prata, Argentina. Água de 18 a 24°C e próxima ao neutro. Bom para aquários mistos. Muito bonito com sua cor marron do dorso indo clareando no sentido do ventre que fica amarelo esbranquiçado. Possui uma faixa preta da boca até ao pedúnculo caudal e pequena parte da cauda, além de 8 a 10 faixas verticais no corpo. Nadadeiras amarelas e transparentes. Carnívoro, prefere os vivos, mas aceita outros alimentos. Reprodução fácil.

33 — **Charax gibbosus (Linnaeus) — Humpbacked Headstander; Glass Headstander.** 15 cm. Brasil e Guianas. Água de 23 a 29°C. Bom para aquário misto. Parece que tem uma corcunda. Sexagem difícil. Pouco visto em aquários. Prefere alimentos vivos, mas aceita os secos. Reproduz em cativeiro.

34 — **Cheirodon axelroid Schultz — neon cardinal; Tetra cardinal; Cardinal Tetra.** 5 cm. Brasil e Colômbia. Água de 21 a 27°C. De extraordinária beleza é um dos mais bonitos peixes de aquário. Dorso marron avermelhado e o resto do corpo vermelho-rubi muito brilhante, luminescente, mesmo. Tem, nos lados, uma facha longitudinal azul fosforescente que fica verde escura, de acordo com a incidência da luz e que vai desde a boca até ao pedúnculo caudal. Nadadeiras transparentes, tendo o macho o gancho característico dos caracídeos. Come bem alimentos vivos ou preparados. Difícil de criar.

35 — **Chilodus punctatus Müller & Tröschel — quilodos; cabeça-para-baixo; Spotted Headstander.** 10 cm. Amazonas e Guianas. Água de 24 a 29°C, neutra ou pouco ácida. É de cor ocre-amarela com um ponto sépia na base de cada uma de suas escamas grandes. Possui uma linha escura que atravessa todo o corpo. Muito delicado, herbívoro, aceita os vários tipos de alimentos,

desde que de pequeno tamanho, porque tem uma boca pequena. Nada sempre de cabeça inclinada para baixo, em ângulo de 45°.
36 — **Cichlasoma bimaculatus (Linnaeus) — acará-cascudo; Two-Spoted Cichlid.** 20 cm. Amazônia e Mato Grosso. Água de 23 a 26°C e um pouco alcalina. Bonito e de cor azulada, possui 8 faixas verticais escuras e um ocelo preto em cada flanco. Come alimentos vivos ou cozidos como coração, camarões etc.

37 — **Cichlasoma festivum (Heckel) — festivo; acará-berere; acarapinaxame; Flag Cichild.** 15 cm. Amazonas e Guianas. Água de 20 a 27°C e bem oxigenada. Varia do amarelo ao verde oliva, com 6 faixas verticais escuras que vão afinando nas pontas e uma faixa preta saindo da parte superior do focinho, passando pelos olhos e terminando na ponta da nadadeira dorsal. Nadadeiras amarelas com pintas marrons e brancas. Macho tem nadadeiras mais pontudas do que as da fêmea. Sua cabeça é pontuda. Bom para aquários mistos. Sua alimentação deve ser variada. Reprodução difícil. É um dos mais procurados. Sexagem difícil. Precisa de muita vegetação para se abrigar.

38 — **Colisa lalia (Hamilton & Buchanan) — colisa; Gourami; Gurami menor; Dwarf Gourami.** 6 cm. Índia. Água de 21 a 27°C, neutra ou um pouco ácida. Muito bonito e difundido no Brasil. Macho vermelho vivo com várias listas azuis transversais pelo corpo. Nadadeiras salpicadas de azul e vermelho, verde e dourado. Nadadeiras ventrais do macho compridas e finas, em forma de filamentos, utilizadas como órgãos sensoriais. Fêmea marron, sem as listas e com as nadadeiras arredondadas. Aceita todos os tipos de alimentos, mas necessita de vivos. Tímido, gosta de se esconder entre as plantas. Reprodução fácil. Muito prolífico.

39 — **Colomesus psittacus (Schneider) — baiacu-de-água doce; mamaiacu; guamaiacu; South American Pufer.** 15 cm Amazonas, Venezuela, Guianas. Água de 24 a 26°C, dura ou pouco alcalina. Tetraodontídeo muito procurado para aquários, mas é muito sujeito a doenças. Come alimentos vivos, mas aprende a ingerir pedaços de peixes etc.

40 — **Copeina arnoldi (Regan) — piratantã; Caracido rociador; Spraying Characin; Splash Tetra; Jumping characin.** Macho 8 e fêmea 6 cm. Amazonas; Venezuela. Água de 22 a 29°C, neutra a um pouco ácida. É um dos mais bonitos peixes brasileiros para aquários. Dorso marron, lados azulados, ventre amarelo e escamas com bordas escuras, nadadeiras vermelhas e amarelas, tendo a dorsal a ponta preta. O macho tem as nadadeiras maiores que a fêmea, mancha branca na base da dorsal e manchas pretas nas

dorsal e anal. É maior do que a fêmea. Esta possui uma pinta vermelha na nadadeira dorsal. Fácil reprodução. É bom saltador e seus ovos são postos fora da água, presos às plantas que ficam inclinadas à baixa altura da água, mas o macho os "rega" constantemente, jogando água sobre eles, com movimentos da cauda. Eclosão em 3 dias e os alevinos vão caindo na água. No aquário, devemos colocar uma lâmina de vidro fosco para substituir a planta, sobre a qual botam os ovos.

41 — **Copeina calloleps Regan — copeina; Beautiful-Scaled Characin.** 5 cm. Amazonas. Água de 22 a 29°C. Bom para aquários, é cinza com linhas longitudinais, pintas vermelhas escuras e pretas, com um ocelo preto na base da nadadeira dorsal. O macho tem nadadeiras pélvicas debruadas de preto, a dorsal mais pontuda e a parte superior da caudal mais comprida do que a da fêmea. Reproduz em aquário.

42 — **Copeina guttata (Steindachner) — copeina, Red-Spoted Copeina.** 15 cm. Brasil, rios Amazonas e Negro. Água de 16 a 32°C. Bom para aquários mistos. Macho mais esguio do que a fêmea e com marcas vermelhas claras durante a época da reprodução. A fêmea apresenta algumas dessas marcas, porém mais claras. Reproduz bem em aquários pequenos. Deve receber alimentos vivos como larvas, insetos, etc ou carne, figado e outras.

43 — **Corydora aeneus Gill — São Pedro; sarro; Pez cepillito; Coridora; Bronceado; Aeneus Catfish.** 7 cm. A. do Sul; Brasil; Venezuela; Trinidad até à Argentina. Água de 21 a 32°C, neutra ou um pouco alcalina. Pacífico e limpador, é vermelho-amarronzado com reflexos de verde a vermelho-cobre. Nadadeiras transparentes. Possui a capacidade de girar os olhos dentro das órbitas, parecendo que está a piscar. Come tudo, preferindo alimentos vivos como vermes. Reproduz em aquário. Possui barbelas que são órgãos tácteis e espinhos dorsal e anal, como defesas.

44 — **Corynopona riisei Gill — corinopona; Cola de espada; Swordtailed Characin.** 6 cm. Trinidad, Colômbia e Venezuela. Água de 20 a 30°C. Cor rosa clara, branca ou verde acinzentada. Nadadeiras dorsal e ventral muito compridas no macho. Muito bonito e bom para aquários mistos. Omnívoro, requer também alimentos vivos. Possui no opérculo um apêndice normalmente encostado ao corpo, mas que se eriça em ângulo de 45°, quando o peixe está excitado para o acasalamento. Sexagem fácil na época da reprodução. Reproduz bem.

45 — **Crenuchus spilurus Günther — Sailfin Tetra.** 6 cm. Guianas e Brasil. Água de 24 a 29°C, mole e ácida. Não colocar com

peixes menores. Macho muito maior, mais colorido e com as nadadeiras muito mais compridas do que as da fêmea. Quanto mais velho, mais o colorido realça. Reproduz em aquários grandes. Deve receber alimentos vivos como tenébrio, minhocas etc.

46 — **Ctenobrycon spilurus (Cuvier & Vallenciennes) — Silver Tetra.** 9 cm. Venezuela até Guianas. Água de 20 a 28°C. Muito procurado para aquários, cria com facilidade. A fêmea tem a nadadeira anal vermelha e é maior do que o macho. Gosta de aquários grandes e bem plantados. Come alimentos secos, vivos e "verdes".

47 — **Curimatopsis saladensis Meinken — Rose-Colored Curimatopsis.** 7 cm. Argentina. Água de 22 a 30°C. Bom para aquários mistos, possui uma faixa rosa-avermelhada nos lados, passando pela garganta e parte ventral. Nadadeira dorsal verde-amarronzado-escuro, debruada por um brilho metálico azulado. Possui uma faixa escura desde o opérculo até ao pedúnculo caudal. As escamas dão ao corpo um aspecto reticulado. Cauda rosa avermelhada e mais escura perto das bordas. A fêmea é mais "cheia" e pesada e possui uma borda vermelha na nadadeira anal. Reprodução não é difícil. Come alimentos vivos, mas também secos.

48 — **Danio aequipinnatus (McClelland) — dânio gigante; Giant Danio.** 15 cm. **Índia e Sry Lanka.** Água de 24 a 26°C. Cinza esverdeado, ventre prateado tendo, nos lados, 3 linhas azul-turquesa separadas entre si por 2 linhas claras amarelas. Nadadeiras amarelo-ouro. Macho mais delgado e muito mais colorido que a fêmea. Resistente, omnívoro e bom para aquários mistos, desde que grandes, mas não com peixes pequenos. Aceita alimentos vivos ou secos.

49 — **Dianema urostriata Miranda-Ribeiro — rondon; Strip-Tailed Catfish.** 15 cm. Amazonas. Água a 24°C, um pouco alcalina e DH 10. Pacífico, parecido com o camboatá, é muito procurado para aquários. Deve receber alimentos vivos.

50 — **Epalzeorhynchus kallopterus (Bleeker) — barbo de nadadeira rajada; Flying Fox.** 14 cm. Bornéo e Sumatra. Água a 26°C. Pacífico, muito bonito, marron avermelhado com uma faixa longitudinal azul-escuro, quase preta. Nadadeiras incolores, exceto as dorsal e anal, salpicadas de preto. Bom para aquários mistos com muita planta. Possui uma pequena "tromba" com a qual revira o fundo do aquário. É omnívoro e limpador.

51 — **Epiplatys chaperi chaperi (Sauvage) — africano; Panchax; Panchax boca de fuego; Chaper's Panchax.** 5 cm. África, de Serra

Leoa a Gana. Água de 23 a 28°C, mole e um pouco ácida. Dorso esverdeado, lados com manchas azuis e verdes e cinco listas negras verticais. Nadadeira anal debruada de preto e bem pontuda e a caudal salpicada de marron, bordas pretas e lobo inferior terminando em ponta bem fina. A fêmea é esverdeada com nadadeiras amarelas e transparentes, menores que as do macho. Não misturar com outros peixes. Omnívoro, prefere alimentos vivos mas come os secos. Reprodução fácil.

52 — **Exodon paradoxus Müller & Tröschel — miguelinho; Buck-toothed Tetra.** 10 cm. Brasil e Guianas. Água a 25°C. Muito procurado, este caracídeo tem uma característica interessante: os dentes do lado de fora da boca. Muito resistente e brigão, não serve para aquários mistos, com peixes menores. Reprodução difícil. Possui uma grande marca redonda no meio do corpo e outra, também grande, no opérculo. Gosta de alimentos vivos, mas aceita os secos.

53 — **Gasteropelecus sternicla (Linnaeus) — sapopema; Silver Hatchetfish.** 6 cm. Amazonas, Guianas, Venezuela. Água de 24 a 26°C, mole e um pouco ácida (pH 6,4). Muito procurado, este "borboleta" tem capacidade para efetuar pequenos "vôos" fora da água. Não devemos confundi-lo com os "borboletas" marinhos, os Chaetodontídeos. Come os alimentos flutuantes como insetos, larvas etc.

54 — **Gasterosteus aculeatus Linnaeus — Three-Spined Stikleback.** 10 cm. Europa, Estados Unidos, África e Ásia. Água de 16 a 18°C, ligeiramente alcalina. Brigador, só aceita alimentos vivos. É pardo esverdeado no dorso, com o ventre brilhante, branco e salpicado de preto. Na época da reprodução o macho fica vermelho aurora ou de cor viva no ventre. Passa de cinza, para vários tons de azul, verde ou prata e os olhos ficam verdes com reflexos metálicos. Omnívoro, precisa de alimentos vivos como tubifex, dáfnias etc. É um dos mais bonitos de água doce.

55 — **Glandulocauda inequalis Eingemann — Croaking Tetra.** 6 cm. Brasil, RS. Água de 21 a 25°C. Pacífico, não mexe nas plantas. Ótimo para aquários mistos. Emite sons. Reprodução possível. Prefere alimentos vivos mas come os secos.

56 — **Gymnocorymbus ternetz (Boulenger) — tetra preto; viuva; Pez faldita; Black Tetra.** 7,5 cm. Brasil, Guaporé, Mato Grosso; Paraguai. Água de 24 a 30°C. Parece um lambari com a parte anterior prateada e 2 barras pretas verticais, a posterior aveludada. Nadadeiras dorsal, anal e adiposa pretas e as outras transparentes.

No aquário fica acinzentado. Não colocar com peixes menores. Reproduz em cativeiro. Come alimentos vivos e às vezes os secos, preparados e peletizados.

57 — **Helostoma temmincki Cuvier & Vallenciennes — beijador; Gurami bejucon; Kissing Gourami.** 12 cm e 15 cm no seu habitat. Malásia, Indonésia e Tailândia. Água a 26°C, um pouco dura e neutra. É muito conhecido por estar sempre "beijando" boca-a-boca. Ótimo para aquários, mesmo mistos. Sexagem difícil. É rosa esverdeado ou verde prateado com linhas discretas longitudinais. Há outra variedade branca-rosada quase uniforme. Não precisa de plantas no aquário. Cresce rápido. Come alimentos vivos e congelados.

58 — **Hemigrammus caudovittatus AHl — Buenos Aires Tetra.** 10 cm. Argentina. Água de 18 a 26°C, neutra ou um pouco ácida. Não é bom para aquários mistos. Sexagem difícil. Fácil de criar. Morde a cauda dos outros peixes. Aceita alimentos vivos ou secos.

59 — **Hemigrammus erythrozonus (Durbin) — Glowlight Tetra.** 3,5 cm. Amazonas; Guianas. Água de 21 a 27°C, ligeiramente mole e ácida. Muito popular e bom para aquários mistos. Sexagem difícil. Come alimentos secos, vivos ou congelados. Não gosta de muita folhagem.

60 — **Hemigrammus hyanuary — (Durbin) — neon-verde; January Tetra.** 4 cm. Amazonas, lagoa de Januari. Água de 23 a 26°C, mole e ligeiramente ácida. É confundido com o neon tetra e o cardinal tetra. Muito bonito e pacífico, gosta de cardumes. É prateado metálico com uma faixa brilhante verde amarelada longitudinal que atravessa o seu corpo. A cauda possui uma bela mancha preta característica. É omnívoro.

61 — **Hemigrammus nanus (Lutken) — piabinha vermelha Silver-Pipped Tetra.** 4 cm. Brasil, rio das Velhas e São Francisco. Água de 24 a 30°C. Bom para aquário misto. Reprodução fácil em tanque com bastante plantas e com alimentação bem variada.

62 — **Hemigrammus ocellifer (Steindachner) — olho-de-fogo; Pez faro; Tetra linterna; Red-and-tail-light.** 5 cm. Amazônia. Água de 21 a 28°C. Bonito e ágil, com o formato típico dos lambaris, translúcido e dorso com reflexos verde-esmeralda. Possui uma linha verde sobre a qual há uma risca preta fina, indo desde o opérculo até a uma grande mancha preta no pedúnculo caudal. Em cima dessa mancha preta há uma pinta vermelha com um ponto branco. Nadadeiras transparentes. Olho branco com um traço vermelho vivo. O macho possui uma pinta branca na nadadeira anal, o

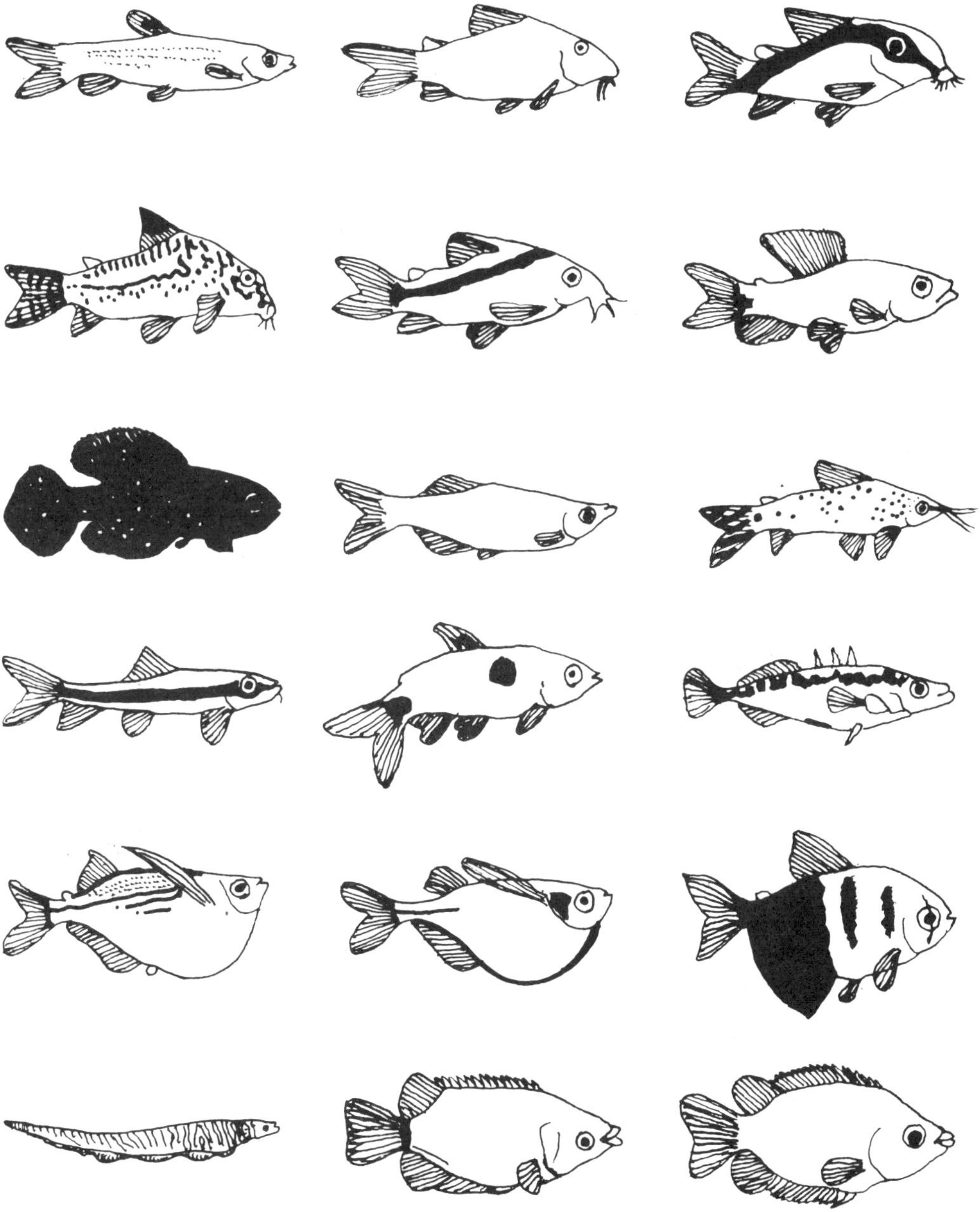

— Copeina guttata; 2 — Corydoras aeneus; 3 — C. arcuatus; 4 — C. julii; 5 - C. myersi; 6 — Crenuchus spilurus; 7 — Cynolebyas nigripinnis; 8 — Danio alabaricus; 9 — Dianema urostriata; 10 — Epalzeorhynchus siamensis; 11 - Exodon paradoxus; 12 — Gasterosteus aculeatus; 13 — Gasteropelecus vis; 14 — Gasteropelecus sternicla; 15 — Gymnocorymbus ternetzi; 16 — ymnotus carapo; 17 e 18 — Helostoma temminchi.

que significa maturidade sexual. Reprodução fácil. Aceita bem alimentos secos.

63 — **Hemigrammus rhodostomus Ahl — rodóstomo; cara-de-sangue; Tetra rojo; Red-rosed Characin; Rummy-nose Tetra.** 5 cm. Brasil, Amazonas e Pará. Água de 22 a 32°C. Prateado, com a mancha preta que vai da região média do corpo ao pedúnculo caudal. Nadadeira caudal com 3 listas. Possui a máscara vermelho-vivo ocupando todo o focinho, característica deste peixe. Há uma variedade "nariz vermelho", de menor tamanho, no Pará. Come alimentos secos ou congelados.

64 — **Hemiodus semitaenniatus Knerr — Cruzeiro do Sul.** 12 cm. Brasil, Amazonas e Mato Grosso; Guianas. Água de 23 a 30°C. É prateado brilhante com um ocelo preto no meio do corpo. Parte inferior da nadadeira caudal com uma cor vermelha bem viva. Pode ficar com peixes menores.

65 — **Heterandria formosa (Agassiz) — peixe-mosquito; Pecillido enano; Mosquito Fish; Least Killifish.** Macho 2 e fêmea 3,5 cm. Estados Unidos. Água de 10 a 32°C. É verde-claro com uma linha longitudinal desde os olhos até à inserção da cauda e várias linhas pretas verticais. Ventre branco. Bonita mancha preta com as bordas vermelhas, na base da nadadeira dorsal. A nadadeira anal do macho é transformada em gonopódio. Ágil, come alimentos vivos, sendo pequenos. Ovovivíparo, bom para aquário.

66 — **Hyphessobrycon bifasciatus Ellis — Yellow Tetra.** 7 cm. Brasil. Água de 18 a 29°C, neutra à ácida. Bom para aquários mistos. Sexagem fácil, sendo o macho mais colorido do que a fêmea e com as 2 faixas vermelhas mais pronunciadas, nadadeiras coloridas e nadadeiras anal convexa. Não ataca peixes ou plantas. Reprodução fácil. Come alimentos vivos, preparados ou congelados.

67 — **Hyphessobrycon callistus (Boulenger) — mato-grosso; Jewel Tetra; Callistus Tetra.** 4 cm. Brasil, Mato Grosso. Água muito mole e ácida. Bonito e bastante procurado. É rosado com nadadeiras vermelhas, sendo a dorsal preta com borda branca e a anal com uma faixa preta na extremidade posterior. Nos lados há uma comprida marca preta acima das nadadeiras peitorais. O macho tem as cores mais brilhantes do que a fêmea que é mais corpulenta do que ele. Reprodução difícil. Come alimentos vivos, congelados e preparados.

68 — **Hyphessobrycon flammeus Myers — engraçadinho; Tetra rojo; Tetra de Rio; Fire Tetra; Tetra from Rio; Flame Tetra; Red**

Tetra. 5 cm. Brasil, Rio de Janeiro. Água de 21 a 27°C, mole e um pouco ácida. Bonito, tímido e muito procurado. Vermelho com tonalidade cobre, possui uma linha longitudinal verde-claro pelo corpo. Nadadeiras ímpares mais escuras no macho, são vermelhas de bordas pretas e as pares transparentes. No macho, as ventrais são vermelho escuro ao passo que, na fêmea, são alaranjadas. A anal, no macho, tem a borda mais escura e é mais pontuda do que a da fêmea que a tem côncava. Fácil de criar. Prefere alimentos vivos ou congelados mas aceita os preparados.

69 — **Hyphessobricon gracilis Reinhardt — gracioso; piabinha branca.** 3,5 cm. Brasil, Rondônia. Água de 22 a 24°C. Muito bom para aquários, pacífico, pardo-esverdeado com uma lista amarelo-abóbora indo desde o focinho até ao pedúnculo caudal. É omnívoro.

70 — **Hyphessobrycon herbertaxelrodi Gery — neon negro; Neon del Taquari; Black Neon Tetra.** 3,5 cm. Brasil, rio Taquari. Água a 25°C, mole e ácida. Bonito por sua coloração e forma iguais às dos outros tetras. Dorso amarronzado, parte inferior do corpo mais para cinza-preto. Possui uma faixa preta longitudinal do opérculo ao pedúnculo caudal, correndo sobre ela uma linha verde luminosa muito bonita. Reproduz em aquário. Come alimentos vivos, congelados e preparados.

71 — **Hyphessobricon heterorhabdus (Ulrey) — Tetra bandera; Flag Tetra.** 5 cm. Amazonas. Água de 21 a 29°C, mole e ligeiramente ácida. Lindo, é verde-cinza com uma linha longitudinal fosforescente abóbora, da cabeça ao pedúnculo caudal. Íris vermelhas. Macho e fêmea da mesma cor, diferenciando-se porque o macho tem o gancho caracídeo. Come alimentos vivos, congelados e secos. Cria em aquário.

72 — **Hyphessobrycon pulchripinnis Ahl — tetra-limão; Tetra limon; Lemon Tetra.** 5 cm. Amazonas. Água de 24 a 29°C, mole e um pouco ácida. Calmo, semelhante ao rosáceo, mas é prateado com a nadadeira dorsal preta e a anal amarelo-ouro. Prefere alimentos vivos, mas come congelados e preparados.

73 — **Hyphessobrycon rosaceus Durbin — rosáceo; rosado; Bandera negra; Rosy finned Tetra.** 4 cm. Brasil; Amazonas; Guianas. Água de 21 a 29°C. Pacífico, muito bonito, é rosa-claro com a dorsal preta e as outras nadadeiras ornadas de vermelho claro. A fêmea possui um ponto vermelho na nadadeira dorsal.

74 — **Hyphessobrycon rubrostigma Oedeman — rubrostigma; Tetra dicentra.** 5 cm. Amazonas. Água a 23°C. Rosa-escuro. O macho tem as nadadeiras dorsal e ventral mais desenvolvidas. Possui,

nos lados, uma pinta vermelho-sangue. A nadadeira dorsal do macho é pintada de preto, branco e vermelho e a da fêmea de cor uniforme.

75 — **Hyphessobrycon scholzei Ahl — Black-Lined Tetra.** 5 cm. Bacia Amazônica, Pará. Água de 22 a 28°C, mole e um pouco ácida. Tem tendência a morder as nadadeiras dos outros peixes. Prolífico, reproduz com facilidade.

76 — **Hyphessobricon simulans Gery — falso neón; False Neon.** 2,5 cm. Brasil, rio Negro. Água de 24 a 26°C, mole e ácida. Seu nome vem do fato de ser confundido com o neón verdadeiro. Possui uma linha iridescente azul desde o opérculo até à base da nadadeira caudal.

77 — **Hypostomus plecostomus (Linnaeus) — cascudo; Plecostomus; Sucker Catfish.** 60 cm. A. do Sul. Água de 23 a 29°C, dura e ligeiramente alcalina. É todo cinza-amarelado ou todo salpicado de pintinhas pretas, inclusive nas nadadeiras. Só um em cada aquário, porque briga muito com os de sua espécie, embora não ataque outros peixes. Come de tudo. Quando grande, revolve muito o fundo e arranca as plantas. Come vermes vivos, congelados, pedaços de minhocas etc.

78 — **Labeo bicolor Smith — tubarão-de-rabo-vermelho; Cola roja; Red-Tailed Shark.** 12 cm. Tailândia. Água de 24 a 26°C, ligeiramente alcalina e 10 DH. Muito bonito, de marron-escuro a quase preto, com nadadeira caudal e sua base vermelhas. Bom para aquários mistos, desde que não haja dois exemplares adultos dessa espécie, juntos, porque uma mata o outro. Omnívoro, prefere alimentos vivos, folhas tenras como as de confrei, alface etc. Reproduz em aquário.

79 — **Labeo erythrurus Fowler — Rainbow Shark.** 12 cm. Tailândia. Água de 24 a 27°C, pouco alcalina e 10 DH. Bom para aquários mistos, mas briga com os da mesma espécie, quando em pequenos espaços. Prefere alimentos vivos ou congelados, mas aceita, às vezes, os flocados. Deve receber o “verde”. Gosta de pouca luz. É um bonito peixe com a cauda vermelha e as outras nadadeiras coloridas ou com os raios vermelhos.

80 — **Leporinus fasciatus (Bloch) — aracu-pinima; ferreirinha; Banded Leporinus.** 30 cm. Guianas, Brasil à Argentina. Água de 22 a 27°C, neutra ou um pouco alcalina. Bom para aquários mistos, mas tem tendência a destruir plantas. No aquário atinge 15 cm. Gosta de dar grandes saltos. O adulto é laranja e o jovem amarelo-avermelhado. O número de suas faixas verticais vai au-

mentando com a idade e completa a cor aos 3 anos, com 10 faixas. Muito resistente. Omnívoro, prefere vegetais, embora aceite até alimentos preparados.

81 — **Leporinus melanopleura Günther — leporino; Spot-Tailed Leporinus.** 20 cm. Rio Amazonas ao Rio de Janeiro. Água de 24 a 29°C, neutra a ligeiramente alcalina. Come alimentos vivos, mas aceita os preparados e os vegetais, que lhe são benéficos. Não é tão comprido como os outros do gênero. Possui algumas pintas marrons na base da cauda. Sexagem difícil. Bonito, é o mais escuro dos leporinos, com o dorso escuro com tons avermelhados, barriga cinza-prateada e uma faixa escura desde a cabeça até à cauda.

82 — **Loricaria parva Boulenger — acaraí; cascudo-viola; acaraí; cascudo; Whiptailed Catfish.** 12 cm. Sul do Brasil. Paraguai e Argentina. Água de 20 a 27°C, neutra. Amarelo acinzentado com pintas e manchas escuras por todo o corpo e nadadeiras. A caudal, em sua parte superior, possui um prolongamento muito comprido do raio, parecendo um chicote. Não tem nadadeira adiposa. É parecido com o cascudo, mas tem o corpo mais afilado, esguio e a cabeça mais achatada e fina. Prefere alimentos vivos como o tubifex e bastante verde. Reproduz em cativeiro, sendo a incubação de 8 dias. Os alevinos nascem com 2 cm e devem receber infusórios e comida seca bem fina.

83 — **Macropodus opercularis (Linnaeus) — peixe-do-paraiso; Pez paraizo; Paradise Fish.** 8 cm. Coréia; Vietnã; Formosa. Água de 21 a 24°C, adaptando-se às diversas águas. Come de tudo. Não colocá-lo com outros peixes. Muito prolífico e fácil de criar, sendo suas crias utilizadas até para a alimentação de outros peixes. Ótimo comedor de larvas. Corpo esverdeado com listas azuis e vermelhas verticais e cuja intensidade varia com o estado emocional do peixe. Cabeça e dorso salpicados de marron-escuro. No macho, as nadadeiras são muito desenvolvidas, vermelhas e azuis com as pontas esbranquiçadas. Corpo um tanto abrutalhado, com a mancha azul-metalica no opérculo, disto originando-se o seu nome. Existem as variedades albina, de cor branca-rosada com olhos vermelhos, a chamada preta, mas que realmente é azul-escura (Macropodus opercularis concolor) etc.

84 — **Megalamphodus megalopterus Eingemann — tetra-fantasma; Black Phanton; Tetra.** 4 cm. Brasil (Rondônia e M. Grosso). Água de 23 a 26°C, ácida e mole. É cinza-escuro com o ventre prateado e nadadeiras pretas. A nadadeira dorsal do macho é maior do que a da fêmea que é vermelha com nadadeiras mais curtas.

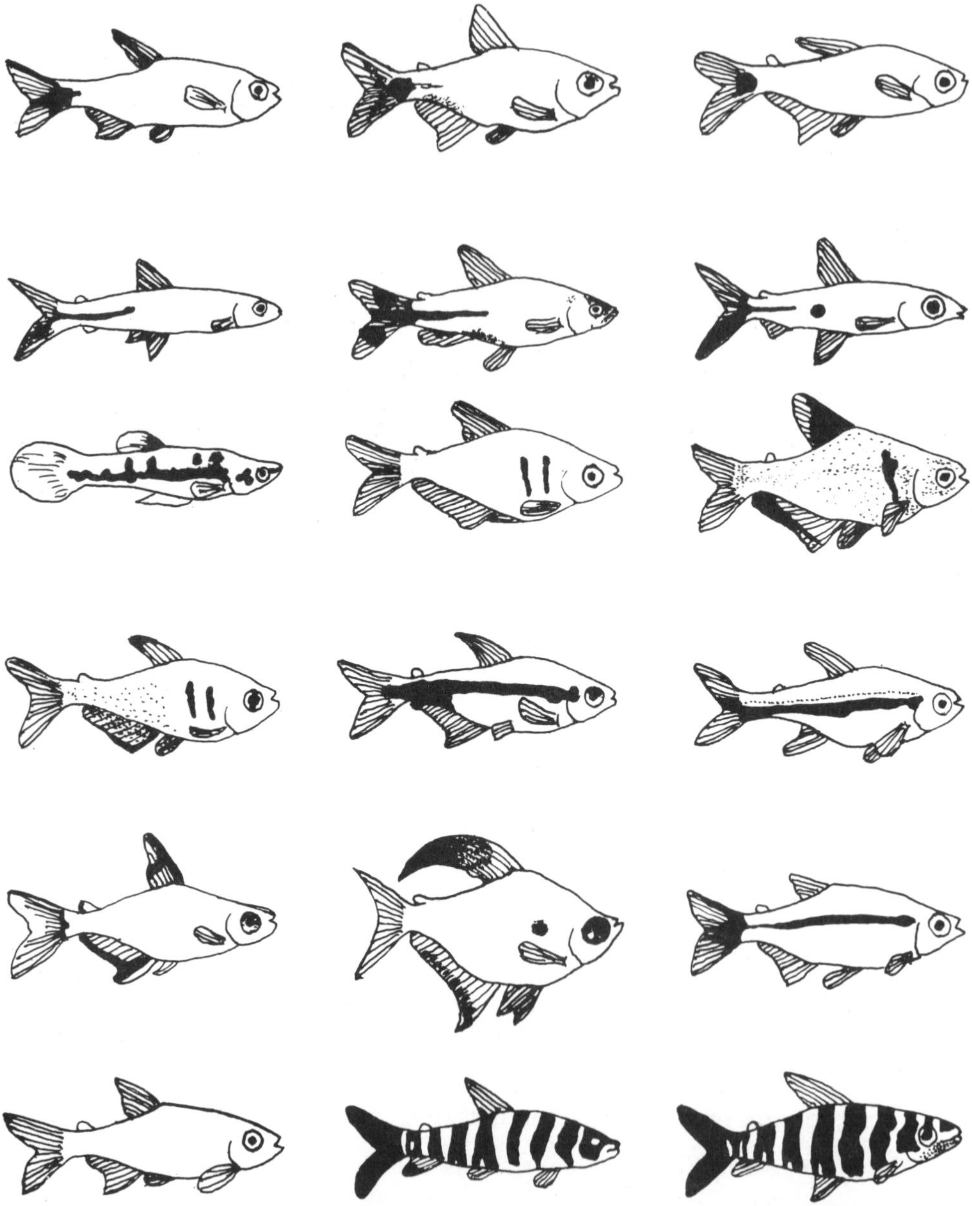

1 — Hemigrammus caudovittatus; 2 — H. hyanuary; 3 — H. nanus; 4 — H. rhodostomus; 5 — Hemiodus gracilis; 6 — Hemiodus semitaeniatus; 7 — Heterandria formosa; 8 — Hyphessobricon bifasciatus; 9 — H. callistus callistus; 10 — H. flammeus; 11 — H. herbertaxelrodi; 12 — H. heterorhabdus; 13 — H. pulchripinnis; 14 — H. rubrostigma; 15 — H. scholzei; 16 — H. simulans; 17 e 18 — Leporinus affinis.

Calmo, come alimentos vivos, congelados e secos. Produz 400 ovos por desova. Sexagem fácil: nadadeiras ventral e adiposa da fêmea são vermelho-sangue e do macho, pretas.

85 — **Melanotaenia macculochi (Ogilby) — melanotênia; arco-iris; arco-iris enano; Dwarf Australian Rainbow.** 7 cm. Austrália. Água de 19 a 26°C, neutra a um pouco alcalina, sendo bom colocar um pouco de sal na água. Bom para aquário misto. Coloração complexa, resultado da combinação e arranjos das cores cinza-verde brilhante com reflexos azuis. Possui carreiras longitudinais de pontos marrons-bordô indo desde o opérculo até à nadadeira caudal. É omnívoro. As cores da fêmea são mais apagadas. Reprodução em aquários. Come alimentos vivos, congelados e preparados.

86 — **Metynnis maculatus (Kner) — Spotted Metynnis.** 20 cm. Guianas, Brasil até o rio Paraguai. Água de 22 a 29°C, ligeiramente alcalina e mole. Não colocar com peixes pequenos, pois é parente das piranhas. É azul esverdeado com as costas mais escuras e a barriga prateada. Escamas muito pequenas para o seu tamanho. Come alimentos vivos, mas precisa de "verde" como o confrei, alface etc. Liquida as plantas. O macho possui espinho na nadadeira anal.

87 — **Microglanys parahybae (Steindachner) — bagrinho.** 5 cm. Brasil, rio Paraíba, estado do Rio de Janeiro. Água de 21 a 26°C. Muito bonito e calmo, gosta de ficar parado no fundo do aquário. É marron com manchas cor de abóbora. Possui 3 pares de barbelas.

88 — **Mimagoniates barberi Regan — tetra-chocolate.** 5 cm. Brasil, Mato Grosso. Água de 19 a 26°C. É cinza com uma bem destacada mancha marron horizontal no corpo. Muito bom para aquários mistos.

89 — **Moenkhausia oligolepis (Günther) — moencáusia; olho-de-fogo-gigante; tetra de cristal; Glass Tetra.** 10 cm. Amazonas e Guianas. Água de 21 a 29°C, ácida e mole. Possui a íris vermelha, escamas abauladas, em alto relevo e com um formato especial. É prateado brilhante com uma forte mancha preta no pedúnculo caudal. Nadadeiras transparentes. Só deve ser colocado em aquários grandes e com peixes do mesmo tamanho. O macho tem nadadeiras maiores do que as da fêmea, principalmente a anal. É parecido com o M. sanctae filomenae, que é menor. Reprodução fácil. Come alimentos vivos e congelados e, quando com fome, as plantas do aquário.

90 — **Moenkhausia sanctaefilomenae (Steindachner) — olho-de-fogo; Yellow Banded Moenkhausia.** 6 cm. Rio Paraguai. Água de 24 a 26°C, mole e ligeiramente ácida. Menor, mas com a mesma coloração que o M. oligolepis. Pode ser colocado com outros peixes, mesmo menores. Vive em cardumes. É omnívoro e de reprodução fácil.

91 — **Monocirrhus polyacanthus Heckel — peixe-folha; piracaá; pez hoja; Leaf Fish.** 10 cm. Amazonas e Guianas. Água de 23 a 26°C, ácida e mole (pH 6 a 6,5 e DH 2 a 4). Parece mesmo uma folha. Varia do castanho-claro ao marron escuro e ao chocolate. Possui 3 linhas de pontos escuros, indo a 1.ª desde os olhos até à inserção da cauda, a 2.ª dos olhos ao 1.º raio da nadadeira dorsal e a 3.ª dos olhos, e também em curva, até à borda inferior do opérculo. À frente dos olhos existe uma pequena carreira de pontos escuros. Boca muito grande. Come alimentos vivos como peixinhos. Fica horas parado, em geral perto das plantas, à espreita de alguma presa. Bom para aquários, mas com muita planta.

92 — **Nannaethiops unitaeniatus Günther — One-Lined African Tetra.** 6 cm. Congo. Água de 23 a 29°C, mole e um pouco alcalina. Bom para aquários mistos. Muito interessante e resistente, reproduz em aquário com plantas, produzindo 500 ovos por desova. O macho é mais colorido que a fêmea e a parte inferior de sua nadadeira caudal fica muito brilhante durante a época da reprodução. A fêmea é maior e mais arredondada que o macho. Prefere os alimentos vivos, mas come também os secos.

93 — **Nannobrycon eques unifasciatus (Steindachner) — bengalinha.** 5 cm. Amazonas. Água de 21 a 28°C. Muito interessante, é verde-claro com uma lista preta longitudinal desde a ponta do focinho até à cauda, onde se alarga para baixo, cobrindo a parte inferior da nadadeira caudal e já com as cores vermelha, preta e branca. As outras nadadeiras são verdes como o corpo. Frágil e de reprodução difícil, nada normalmente inclinado, num ângulo de 45° e sempre beliscando o fundo. Muito lento de movimentos, não deve ser misturado com outros peixes, para evitar a competição pela comida.

94 — **Nannostomus marginatus Eingemann — torpedinho; marginatus; Pez lápis enano; Pencilfish.** 3 cm. Amazonas; Colômbia e Guianas. Água de 24 a 26°C, neutra ou um pouco ácida. "Torpedinho" vem da forma cilíndrica de seu corpo. É verde acinzentado com 3 faixas longitudinais negras-azuladas em todo o comprimento do corpo. Muito bonito e calmo, é ótimo para aquários mistos. A nadadeira anal do macho é arredondada e a da fêmea com as

bordas retas. Macho mais fino com a linha escura mais forte. A fêmea é mais corpulenta. Reproduz em aquário com plantas (Nitella ou grama), mas os pais comem rapidamente os ovos após a desova. Prefere alimentos vivos, mas aceita os secos.

95 — **Nannostomus trifasciatus Steindachner — zepelim; trifasciato; Pez lápis de tres bandas; Three-Lined Pencilfish.** 6 cm. Amazonas. Água de 22 a 28°C, mole e um pouco ácida. De bonita conformação, é verde-oliva acinzentado com 3 linhas longitudinais que vão desde a cabeça até ao pedúnculo caudal, atingindo a nadadeira caudal. Entre a 1.ª e a 3.ª linhas há uma faixa amarela desde os olhos até à raíz da nadadeira caudal. Nadadeiras transparentes com uma larga mancha vermelha. O macho possui pontinhos vermelhos sobre a faixa amarela. Não briga com os outros peixes. Prefere alimentos vivos, mas aceita outros tipos, desde que pequenos, devido ao tamanho de sua boca. Reprodução difícil.

96 — **Nothobranchius rachovi (Ahl) — Fúndulo de Rachow; Rachow's Notho.** 5 cm. Moçambique. Água de 24 a 28°C, mole e um pouco ácida. O macho é um dos mais bonitos peixes de aquário, por seu rico e brilhante colorido vermelho alaranjado. Sobre esse fundo, cada escama apresenta o brilho de uma cor azul, amarela e até mesmo verde brilhante. Olhos amarelos claros, nadadeiras dorsal, caudal e anal azul-turquesa. Possui pontos e listas marrons. O pedúnculo caudal apresenta 3 listas vermelhas verticais. Fêmea menos colorida, é alaranjada com as nadadeiras verde-claro e translúcidas. É um dos denominados "peixes anuais" porque, no seu habitat, quando vai chegando a estação da seca, ele desova na lama e depois morre. Na estação chuvosa os ovos eclodem e nascem os filhotes. No aquário, se tirarmos um pouco de água, todos os dias, o peixe "pensa" que está chegando a seca e desova no fundo do aquário, nascendo os filhotes 2 a 3 meses depois, se começarmos a recolocar a água do aquário, um pouco cada dia, dando-se a eclosão em geral 15 dias após o início da recolocação da água. Não deve ser colocado com outros peixes. Alimentação com minhocas, larvas, peixinhos, tenébrio etc.

97 — **Osteoglossum bicirrhosum Vandelli — aruaná; arauaná; aruanã; carapaná; Arowana.** 60 cm. Amazonas e Guianas. Águas de 22 a 27°C, neutra ou um pouco ácida e em movimento. Muito bonito, amarelo com as bordas das suas grandes escamas pintadas de vermelho. Nadadeiras peitorais escuras, nos filhotes. Não serve para aquários mistos. Sexagem desconhecida. A incubação dos ovos e a proteção dos filhotes são feitas dentro das bocas do macho e da fêmea. Produz 120 ovos por desova. Alimenta-se na superfície, o que sua boca, quase na vertical, facilita. Exótico,

nada serpenteando na superfície da água. A nadadeira anal é mais comprida do que a dorsal e são quase unidas. A caudal é reduzida. Possui 2 barbilhões. Corpo bem achatado lateralmente em sua parte posterior e linha lateral bem visível. Prefere comer peixes, mas aceita pedaços de peixe, camarão etc. Come na mão do dono.

98 — **Otocinclus affinis Steindachner — limpa-vidros; Midget Sucker Catfisf.** 5 cm. Brasil, Rio de Janeiro. Água de 21 a 29°C, mole e ligeiramente ácida. É um verdadeiro mini-cascudo verde acinzentado com uma linha marron longitudinal da ponta do focinho até à raíz da cauda. Pacífico, prefere algas, mas aceita outros alimentos. Controla o crescimento das algas no aquário. Desova difícil.

99 — **Pantodon bucholzi Peters — borboleta; pantodón; Pez mariposa; Pez volador; Butterfly Fish.** 10 cm. África. Água de 22 a 29°C, mole e ligeiramente ácida. De hábitos noturnos, sua cor varia, podendo ser de um brilhante cinza-esverdeado ao amarelado e com pontos pretos nos lados e nas nadadeiras. Suas escamas têm as bordas mais escuras. A nadadeira ventral possui 7 raios compridos com filamentos e a caudal, arredondada, tem no meio um prolongamento comprido ou ponta. Sua boca muito grande é virada para cima, facilitando a caça aos insetos, seu alimento principal. Come também minhocas, peixinhos etc. Difícil de criar. Macho mais delgado do que a fêmea e a sua nadadeira peitoral modificada é maior do que as “asas” da fêmea. Suas nadadeiras são transparentes. Passa todo o tempo limpando os vidros do aquário, as pedras, as plantas, etc. à busca de comida.

100 — **Paracheirodon innesi (Myers) — neon; tetra neon; Neon Tetra.** 3 cm. Brasil, Amazonas. Água de 21 a 26°C, melhor a 24°C, mole e ácida. É um dos mais populares peixes de aquário em todo o mundo. Seu dorso é pálido, ventre branco e nadadeiras transparentes. Possui uma linha longitudinal azul fosforescente desde os olhos até à nadadeira adiposa e a cor vermelha, como uma faixa, desde a base da nadadeira ventral até à caudal, sobre um fundo amarelo que vem desde o opérculo. A linha azul é tão brilhante que parece um tubo de gás neon; vindo daí o seu nome. Outros peixes muito parecidos com o neon são o cardinal, maior e mais resistente, e com a faixa de um vermelho muito mais intenso e o falso neon, cujas cores são um pouco mais pálidas. Reprodução difícil, embora a desova não o seja tanto. O aquário deve ter a cama de cascalho preto, para contrastar, realçando suas belas cores. Come alimentos secos e vivos, quando pequenos. Prefere viver em cardumes. Seus reflexos verdes, azulados e vermelhos vivos o tornam um dos mais belos peixes de aquário.

1 — Leporinus agassizi; 2 — L. megalepis; 3 — L. striatus; 4 — Loricaria filamentosa; 5 e 6 — Macropodus opercularis; 7 — Megalamphodus megalopterus; 8 e 9 — Melanotaenia maccullochi; 10 — Microglanis parahybae; 11 — Mimagoniates barberi; 12 — Monocirrhus polyacanthus; 13 — Mannaethiops unitaeniatus; 14 e 15 — Nannostomus marginatus; 16 — N. trifasciatus; 17 — Nothobranchius rachovii; 18 — Osteoglossum bicirrhosum.

Por isso e para resolver o problema de acidez da água do aquário, basta que coloquemos um pedaço de xaxim no filtro biológico e que mudemos a água, com intervalos de 70 a 80 dias. Quando adquirirmos neons, devemos dar-lhes um banho de 250 g de terramicina em pó para 50 litros de água, durante 4 a 8 horas, pois assim a mortalidade cai para 25 ou 30% mais ou menos.

101 — **Phalloceros caudomaculatus (Hensel) — barrigudinho pintado; caudo.** Macho 4 cm e fêmea 6 cm. Rio de Janeiro ao Paraguai e Uruguai. Água de 23 a 26°C, ligeiramente alcalina. Amarelado pintado de preto é um dos mais indicados para principiantes, por sua grande resistência ao ambiente e condições de alimentação. Há uma variedade dourada. Ovovivíparo, prolífico e se reproduz com facilidade. Aceita alimentos secos ou preparados em pequenos pedaços, que ele suplementa comendo algas.

102 — **Pimelodella gracilis (Cuvier & Vallenciennes) — mandizinho; chundu; dudu; Slender Pimelodella.** 18 cm. Amazonas; Venezuela. Água de 23 a 27°C, neutra ou um pouco alcalina. Interessante pelo aspecto esguio, corpo transparente e cor acinzentada com reflexos prateados. Possui uma linha longitudinal escura desde o olho até à raíz da cauda. Nadadeiras transparentes, tendo a dorsal um raio espinhoso preto. Tem 3 pares de longos "bigodes" ou barbilhões que chegam a ultrapassar o comprimento do seu corpo. Bom limpador, de hábitos noturnos, sai à noite comendo tudo o que encontra no fundo do aquário. Ataca outros peixes, principalmente os menores. Seus espinhos causam ferimentos dolorosos. Carnívoro, prefere alimentos vivos, mas aceita pedaços de carne, de peixe etc.

103 — **Poecilia latipinna (Le Sueur) — molinésia; Sailfin Molly** Macho 10 cm e fêmea 13 cm. México e Sul dos E. Unidos (leste). Água de 25 a 29°C, ligeiramente alcalina, sendo bom colocar um pouco de sal na água. Muito resistente e bonito, verde com 5 traços longitudinais marrons escuros unidos por uma verdadeira rede de linhas mais claras. Ventre amarelo no macho e na fêmea. A nadadeira dorsal do macho é azul-metálico, cheia de pontos escuros e formada por 12 a 16 raios. A anal, da mesma cor, é mais amarelada no meio. A molinésia velífera tem a nadadeira dorsal que parece uma vela de barco. Há uma variedade muito bonita, preta-aveludada ou molinésia preta. Muito sensível, exige aquário grande ou muito espaço para nadar. Omnívoro, prefere alimentos verdes como algas, confrei etc. Há outras variedades como a P. sphenops (m. liberty) cinza com nadadeiras vermelhas e a P. velifera, igual à P. latipinna, mas com a nadadeira dorsal

muito maior. Toda molinésia tem uma tendência ao melanismo, isto é, à cor preta.

104 — **Poecilia reticulata Peters — bandeirinha; Guppy; Two-Spot Livebearer.** Macho 4 e fêmea 6 cm. Brasil, Venezuela; Barbados; Trinidad e Guianas. Água de 23 a 30°C, mole e ligeiramente alcalina. Sua coloração varia muito, possuindo o macho todas as cores, não havendo dois iguais. As nadadeiras dorsal e anal são cheias de desenhos variados e de múltiplas cores. A fêmea é verde-oliva com as nadadeiras um tanto amarelas. Como suas escamas têm as bordas escuras, o conjunto se assemelha a uma rede. Grandes foram as alterações obtidas nas cores e nadadeiras que vão a grandes tamanhos. As variedades mais conhecidas no Brasil são as **cauda-de-alfinete, espada, pavão** e **tesoura.** Temos ainda o **gupi dourado,** cujo macho e fêmea são amarelos amanteigados, o **gupi azul,** cor predominante no macho e o **gupi inglês,** que apresenta todas as variedades de caudas. A fêmea tem as nadadeiras dorsal e caudal com reflexos azuis metálicos. Come alimentos vivos, congelados e secos.

105 — **Poecilia vivipara (Bloch & Schneider) — barrigudinho; guaru-guaru.** Macho 6 e fêmea 8 cm. Brasil e Venezuela. Água de 20 a 28°C. É todo esverdeado com o dorso escuro. Nos lados, pouco à frente da nadadeira dorsal, fica a mancha preta debruada de ouro. No macho, a nadadeira dorsal é laranja ou amarelo escuro. De bom temperamento, alimenta-se de tudo, mas prefere alimentos verdes. Reproduz com facilidade, mas necessita de muito espaço e bastante alimento. É muito resistente e talvez o peixe mais comum no Brasil, encontrado em qualquer córrego e mesmo poças d'água.

106 — **Prochilodus nigricans Agassiz — jaraqui; jerajui; Spotted Small-Mouth.** 30 cm. Amazonas. Água de 22 a 27°C, mole e um pouco ácida. É pequeno e muito parecido com o grumatã. Possui um colorido original sendo, por isso, muito procurado para aquários. Herbívoro, exige aquário grande.

107 — **Pterophyllum dumerili (Castelnau) — acará-bandeira; Long-Nosed Angelfish.** 10 cm. Amazonas. Água de 24 a 26°C, mole e pouco alcalina. Não é tão popular quanto o escalare, sendo 1/3 menor do que ele. É melhor para aquários pequenos. Prefere alimentos vivos mas, quando está com fome, come os preparados.

108 — **Pterophyllum scalare (Lichtenstein) — acará-bandeira; buxuari; piraque; escalare; Pez ángel; Angelfish; Scalare.** 13 cm. de comprimento por 15 de profundidade. Brasil, Amazonas; Guianas; Suriname. Água de 23 a 32°C, alcalina. As espécies conhecidas

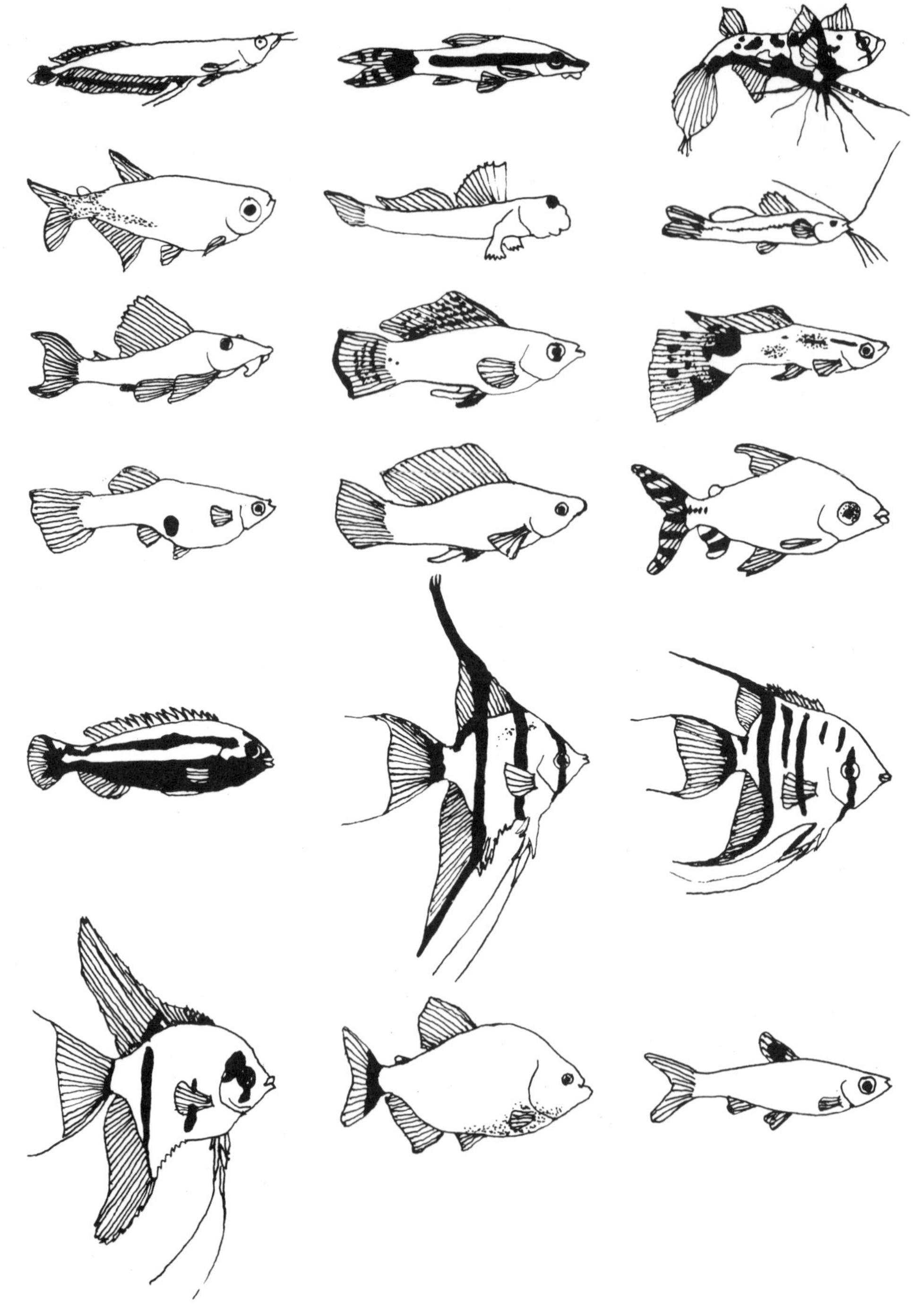

1 — Osteoglossum ferreira; 2 — Otocinclus affinis; 3 — Pantodon buchholzi; 4 — Paracheirodon innesi; 5 — Periophthalmus barbarus; 6 — Pimelodella gracilis; 7 — Plecostomus punctatus; 8 — Poecilia latipinna; 9 e 10 — P. reticulata; 11 — P. velifera; 12 — Prochilodus insignis; 13 — Pseudotropheus auratus; 14 — Pterophyllum altum; 15 — P. dumerilii; 16 — P. scalare; 17 — Pygocentrus piraya; 18 — Rasbora dorsiocellata.

do gênero Pterophyllum são **altum, dumerili** e **scalare,** todas com o mesmo formato e praticamente as mesmas características, sendo conhecidas pelo mesmo nome popular, acará-bandeira. Possui 4 listas verticais pretas sobre um fundo prateado com reflexos azulados. Existem outras variedades obtidas em criações, como a totalmente preta e a dourada. Bom para aquários, é calmo, resistente, bonito e exótico. Sexagem desconhecida. Corpo triangular achatado lateralmente e com as nadadeiras muito desenvolvidas, dando-lhe um perfil inconfundível. Prefere aquários grandes, com muita planta. Reproduz em cativeiro, colocando os ovos sobre as folhas das plantas ou tubos de vidro branco imitando raízes. O casal vigia o ninho. Defende os filhotes guardando-os dentro da boca. Omnívoro, aceita alimentos secos, mas prefere peixinhos, insetos, crustáceos, carne crua etc. Eclosão em 24 a 40 horas, sendo os ovos rompidos com a boca, pelos pais que, assim, liberam os filhotes. Estes se alimentam com microrganismos. O melhor é separar os pais, logo que os filhotes nascem. O macho pode emitir um som especial quando briga ou na época do acasalamento.

109 — **Puntius conchonius (Hamilton & Buchanan) — barbo conchônio; barbo rojo; Rosy Barb.** 10 a 15 cm. Índia. Água de 21 a 29°C, neutra, pouco alcalina ou pouco ácida. Verde-oliva um tanto pardacento que vai clareando no sentido do ventre que é prateado. Escamas muito brilhantes, com as bordas mais escuras, dando-lhe uma bonita coloração reticulada. Como característica, apresenta uma grande pinta preta no pedúnculo caudal. As outras nadadeiras são alaranjadas, sendo transparentes na fêmea e com as bordas pretas no macho. Sexagem fácil na época da reprodução, porque o macho fica todo avermelhado ou marron-avermelhado. Calmo, nada sempre em grupo. Aceita bem quase todos os alimentos. Fácil de criar, mas os pais devem ser retirados logo após a desova. Bom para aquários mistos, desde que grandes.

110 — **Puntius nigrofasciatus (Günther) — barbo nigrofasciato; Barbo de cabeza purpura; Black Ruby Barb.** 7 cm. Sry Lanka. Água de 24 a 27°C, mole e pouco ácida. É verde-oliva com 5 grandes manchas compridas e verticais sobre o corpo. Olhos rodeados de pontos dourados e brilhantes. O macho, principalmente na época da reprodução ou quando briga, fica vermelho. Bom para aquários mistos. Reprodução fácil em cativeiro. Muito prolífico. Omnívoro, prefere pequenos alimentos vivos.

111 — **Puntius ticto (Hamilton & Buchanan) — barbo prateado; Tic-Tac-Toe Barb.** 16 cm. Índia e Sry Lanka. Água de 24 a 28°C, mole e ligeiramente ácida. Todo prateado com as nadadeiras transparentes, possui 2 ocelos pretos, sendo um junto ao opérculo e o

outro no pedúnculo caudal. Prefere alimentos vivo, mas aceita os congelados e secos. Tende a ser agressivo quando cresce.

112 — **Pygocentrus piraya — chupita; piranha vermelha.** Brasil. Existe realmente piranha bonita, mas é um peixe muito perigoso que em cardume em poucos minutos transforma um boi vivo em esqueleto. Por isso, não o aconselhamos para aquários domésticos, principalmente em casas em que existam crianças, pois com uma só mordida, pode decepar o dedo de uma pessoa.

113 — **Rasbora dorsiocellata Dunker — rásbora; Hi-Spot Rasbora.** 6 cm. Indonésia e Maláia. Água de 22 a 29°C, mole, neutra ou um pouco ácida. É cinza esverdeado com os lados azuis prateados e uma sombra escura em linha, desde o opérculo até à base da nadadeira caudal. As nadadeiras são incolores, exceto a caudal que é avermelhada e a dorsal com uma grande mancha preta. Muito resistente, bom para aquários mistos, pois é calmo. Fácil de criar e prolífico. Sexagem difícil. É às vezes confundido com o R. caudimaculata, devido às manchas que ambos possuem, mas que são de localizações diferentes. Alimentos: secos e vivos.

114 — **Rasbora heteromorpha Dunker — rásbora arlequim; arlequin; Harlequin Fish.** 5 cm. Sumatra; Java; Tailândia; Malásia. Água de 24 a 28°C, mole e ácida. É marron-esverdeado ou castanho com reflexos cor-de-rosa e de cobre ou salmão. Sua característica principal é um grande triângulo preto que vai da metade do corpo até atingir parte da nadadeira caudal. Bordas anteriores da cauda, douradas. O macho possui uma linha dourada acima do triângulo preto. Reproduz em aquário. Alimentos: vivos, congelados e secos.

115 — **Rasbora pauciperforata Weber & De Beaufort — rásbora luminosa; rasbora de rayas rojas; Red-line Rasbora.** 6 cm. Indonésia. Água de 24 a 27°C, mole e ácida (pH 6,2 e DH 2 a 3). Muito bonito, com o dorso marron-chocolate e o ventre castanho-azulado, possui uma faixa fosforescente cor de abóbora desde o opérculo até ao pedúnculo caudal. Nadadeiras incolores, exceto a dorsal que é castanho-avermelhado. Devido às suas luminosidade e fosforescência, lembra um neon cardinal. Bom para aquários mistos. Reprodução difícil. Alimentos: vivos, mas aceita os congelados, secos etc.

116 — **Rasbora taeniata Ahl — rásbora.** 8 cm. Indonésia; Sumatra. Água de 22 a 29°C mole e ácida. Muito bonito e resistente, cinza-esverdeado, com uma faixa longitudinal preta bordada de ouro. Nadadeiras transparentes, exceto a caudal que é alaranjada. Muito ágil, bom para aquários mistos. Alimentação normal das rásboras.

1 — Rasbora heteromorpha; 2 — R. taeniata; 3 — R. trilineata; 4 — R. urophthalma; 5 — Rooseveltiella nattereri; 6 — Scatophagus argus; 7 — Serrassalmus rhombeus; 8 — Symphysodon aequifasciata aequifasciata; 9 — S. aequifasciata axelrodi; 10 — S. aequifasciata haraldi; 11 — S. discus; 12 — Tanichthys albonubes; 13 — Tetraodon fluviatilis; 14 — Thayeria obliqua; 15 — T. sanctae-mariae; 16 — Trichogaster leeri; 17 — Trichogaster trichopterus; 18 — Xiphophorus variatus.

117 — **Rasbora trilineata Steindachner — rásbora; cola de tijera; Three-Lined rasbora; Scissortailed Rasbora.** 10 cm. Sumatra e Bornéo. Água de 24 a 26°C, mole e ácida (pH 6,5). De cor prateada translúcida com reflexos verdes claros. Nadadeiras transparentes, exceto a caudal que possui linhas pretas e amarelo-pálido. Omnívoro, bom para aquários mistos. Reprodução fácil. Alimentos: secos ou vivos.

118 — **Rivulus urophtalmus Günther — rívulo; Golden Rivulus.** 6 cm. Brasil; Guianas. Água de 20 a 29°C, sendo melhor a 24°C, mole e ligeiramente ácida. A variedade dourada é a mais bonita, sendo o peixe amarelo-dourado com pontinhos vermelhos em todo o corpo e mais fortes no macho. Nadadeiras translúcidas e esverdeadas, sendo as do macho salpicadas de vermelho. A fêmea é mais pálida e tem uma pinta escura na base da nadadeira caudal. Reprodução fácil. Resistente, fica parado à espera de alguma presa. Prefere água velha, sombreada e com muitas plantas natantes. Prefere alimentos vivos, principalmente os de superfície, como larvas de mosquitos.

119 — **Serrasalmus rhombeus (Linnaeus) — piranha-caju; piranga; White Piranha; Spotted Piranha.** 30 cm. Amazonas e Nordeste. Água de 24 a 28°C, mole e ligeiramente ácida. Embora perigosas e agressivas, muitas piranhas como a piranha-caju são muito procuradas para aquários. É toda coberta de pintas douradas e tem o ventre avermelhado. É melhor manter somente uma em cada aquário. Come peixes e pedaços de carne.

120 — **Symphysodon aequifasciata aequifasciata (Pellegrin) — disco verde; Green discus.** 30 cm. Brasil. Água de 24 a 28°C, mole e ligeiramente ácida. É verde acinzentado escuro com nove faixas verticais variando de intensidade e manchas azuis pelo corpo. Muito procurado, reproduz em aquário. Alimentos: vivos, mas aceita outros tipos.

121 — **Symphysodon aequifasciata axelrodi Schultz — disco comum; disco castanho; Brown Discus.** 13 cm. Brasil. Água de 24 a 28°C, mole e pouco ácida. Muito bonito e procurado, suas características biológicas são praticamente as mesmas que para os outros discos.

122 — **Symphysodon aequifasciata haraldi Schultz — disco azul; Blue Discus.** 20 cm. Brasil. Água de 24 a 30°C, mole e pouco ácida. É um lindo peixe, o mais bonito e resistente dos discos. As demais características biológicas são as mesmas que para os outros discos. Alimentos: vivo como artêmias, enquitréias, minhocas etc, além de pedaços de coração.

123 — **Symphysodon discus (Henckel) — acará-disco; disco; disco vermelho; disco real; acará-morere; Pez pompadour; Red Discus; Pompadour Discus; Heckel's Discus.** 15 cm. de comp. e 25 de altura. Brasil, Amazonas e afluentes. Água de 24 a 28°C, mole e ácida. É um dos mais procurados e interessantes ciclídeos. Requer aquários grandes e bem plantados. "Disco" vem do fato de possuir um corpo redondo e achatado, em forma de disco. Muito bonito e pacífico, amarelo-alaranjado a azul esverdeado com oito faixas verticais escuras. Cabeça, opérculo e dorso coberto de linhas irregulares muito brilhantes, variando do cinza ao verde-claro. As nadadeiras dorsal e anal se confundem com o corpo e são também cobertas por essas linhas. Nadadeira caudal transparente. Sexagem e reprodução difíceis. Prefere alimentos vivos como peixinhos, vermes, crustáceos etc. Como ficou provado, os filhotes se alimentam de uma substância (mucosidade) excretada pela pele dos pais e que possui as características de um leite de alto valor nutritivo, sem o qual eles morrem.

124 — **Sympsonichthys boitone Antenor de Carvalho — pirá-brasília.** 5 cm. Brasil; Brasília. Água a 5°C no inverno e 37°C no verão. Bonito peixe com o corpo alongado rosa-avermelhado. Nadadeiras do macho maiores e mais alongadas do que as da fêmea, enquanto esta as tem menores e mais arredondadas. Foi descoberto em Brasília, em 1960. Não colocar junto com outros peixes. **Pirá**, em lingua indígena, significa peixe. Deve receber alimentos vivos como peixinhos, vermes etc.

125 — **Tanichthys albonubes Lin — Tanichthys; neon chinês; nube blanca; Pez carenal tanictis; White Cloud Moutain Minnow.** 4 cm. China. Água de 18 a 21°C, aproximada de neutra. É marron-esverdeado com uma linha longitudinal preta indo desde os olhos até à raíz da cauda. Sobre esta linha existe uma faixa azul tanto mais brilhante quanto mais novo for o peixe. A nadadeira dorsal tem a base vermelha e a borda azul. Prefere viver em cardumes, sendo considerado bom para aquário, embora seja muito sensível ao calor, não se dando bem no verão, quando a temperatura vai a 28 ou 29°C. Reprodução fácil e como a dos paulistinhas. Macho mais fino e elegante do que a fêmea. Existe a variedade T. albonubes velliferum, cuja nadadeira dorsal é em forma de vela de barco. Come alimentos vivos ou secos.

126 — **Thayeria oblíqua Eingemann — taiéria; Short-Striped Penguin.** 8 cm. Brasil, Amazonas. Água de 24 a 27°C, mole e pouco ácida. É castanho amarronzado na parte superior e prateado na inferior. Possui uma linha preta longitudinal indo da base do opérculo até à extremidade do lobo inferior da nadadeira caudal.

Alimentos: secos e vivos. Sexagem difícil. Prolífico, dá até 1.000 ovos por desova.

127 — **Thayeria sanctae mariae Ládiges — taiéria Sta Maria.** 5 cm. Brasil, Goiás, próximo à cidade de Sta. Maria. Muito semelhante à T. oblíqua, é prateado com o dorso mais escuro. Tem uma linha preta dos lados, que vai da nadadeira dorsal ao pedúnculo caudal. Costuma nadar em posição ligeiramente oblíqua. Alimentos: vivos e secos.

128 — **Thoracocharax stellatus (Kner) — papudinha; papuda; Pez destral dorado; Silver Hatchetfish.** 8 cm. Brasil, Venezuela e Paraguai. Água de 23 a 26°C, mole e pouco ácida. Caracídeo muito interessante por sua forma. Muito procurado para aquários. Come alimentos flocados. Calmo, de superfície e salta muito. Em inglês seu nome é peixe-machado, devido à forma de seu corpo, cujas regiões peitoral e ventral parecem o fio de um machado.

129 — **Trichogaste leeri (Bleeker) — léri; gurami perla; Pearl Gourami; Leeri; Mosaic Gourami.** 10 cm. Malásia; Sumatra; Bornéo. Água de 24 a 26°C, próxima a neutra. Bonito, de cor malva ou violeta, com linhas nacaradas. Possui uma linha irregular preta saindo da ponta do focinho, passando sobre os olhos e indo até à inserção da cauda, onde existe uma pequena pinta escura. No macho, as nadadeiras são muito desenvolvidas e mais longas e pontudas e com a mesma coloração do corpo. Na época da reprodução o macho fica com a parte inferior do corpo toda colorida de vermelho vivo. Apresenta uma certa elegância e delicadeza de cores, sendo considerado o mais bonito dos trigogasters. Ótimo para aquário e de reprodução fácil, que se realiza como a dos outros peixes do seu gênero, mas não há necessidade de separar os pais, porque não comem os filhotes. Pode "botar" até 2.000 ovos por desova. Alimentos: secos e vivos.

130 — **Trichogaster trichopterus (Pallas) — tricogaster azul; gurami de tres manchas; gurami gris; gurami punteado; Three-Spotted Gourami; Blue Gourami.** 15 cm. Malásia; Tailândia; Indonésia. Água de 24 a 30°C, mole e pouco ácida. É azul prateado com reflexos violáceos e faixas verticais mais escuras. Possui 2 manchas pretas arredondadas, sendo uma no meio do corpo e outra no pedúnculo caudal. Os americanos o chamam gurami de 3 manchas, contando o olho como uma 3.ª mancha. Nadadeiras dorsal e anal da mesma cor que o corpo, mas salpicadas de amarelo e com as bordas amarelas. A nadadeira dorsal do macho é maior e mais pontuda. Fica muito manso e come na mão do dono.

Reprodução fácil. Suas barbelas são órgãos tácteis. Alimentos: secos, congelados, vivos e algas.

131 — **Xenomystus nigri Günther — African Knife Fish. 20 cm.** Gabão, Líbia e Nigéria. Água de 24 a 29°C, mole e ácida. Não é bom para aquários mistos. Sexagem desconhecida. Interessante e de hábitos noturnos, prefere alimentos vivos, aceita os congelados. Quando novo é calmo, mas quando cresce, torna-se predador para peixes menores. É parecido com o nosso ituí-cavalo.

132 — **Xiphophorus helleri Heckel — espada; espadinha; xifo; pez cola de espada verde; Swordtail.** 13 cm. Sul do México à Guatemala. Água de 21 a 27°C, meio dura e ligeiramente alcalina. Esta espécie varia muito, sendo encontradas, no Brasil, as variedades **albina**, com peixes rosados de olhos vermelhos, a **preta**, a **tuxedo**, a **dourada**, a **verde**, a **vermelha**, a **vermelho-sangue** e a **wagtail.** A cor típica, no entanto, é a verde-azulada com o ventre claro, com 2 faixas longitudinais indo desde o opérculo até à inserção da cauda, sendo uma delas amarela e a outra vermelha. O macho possui a nadadeira dorsal salpicada de pontinhos vermelhos. As nadadeiras peitorais, ventrais e anal são transparentes. A característica principal deste peixe é o prolongamento dos raios inferiores da nadadeira caudal, formando uma espada. A fêmea não possui esta espada e sua coloração é menos intensa do que a do macho. O seu nome "espada" vem da forma e tamanho do seu gonopódio e não da espada que tem na cauda. Existe a variedade velífera ou espada-velífero, de véu ou de vela, devido ao grande desenvolvimento de sua nadadeira dorsal em forma de vela de barco, e que pode ser vermelha, tuxedo ou verde. Há também os espadas **cauda-de-lira, vermelho, laranja** e **preto.** Alimentos normais, desde que variados. Vivíparo, pode ter até 150 filhotes por parto, e isso todos os meses.

133 — **Xiphophorus maculatus (Günther) — plati; Platy.** 8 cm. México à Guatemala. Água de 21 a 27°C, meio dura e ligeiramente alcalina. É um dos mais comuns em aquários devido, não só à sua rusticidade, mas também por existirem muitas e bonitas variedades, todas encontradas nos espadas, exceto a albina e algumas outras. É um tanto parecido com o espada, mas é mais arredondado e não apresenta a espada caudal. Todas as variedades foram obtidas pelo homem, pois o "original" é um pequeno peixe acinzentado, sem nenhum atrativo. Ovovivíparo, reproduz com facilidade como o espada, dando filhotes muito bonitos e coloridos. Era classificado como Platypoecilus, mas passou a Xiphophorus. Bom para aquários mistos e para principiantes. Pode ser encontrado nas cores amarela, rosa, vermelho-rubi, preta, vermelha-de-

cauda-preta etc, sendo porém o mais bonito o "tesourinha" amarelo de nadadeiras com listas negras longitudinais. Há também o plati-de-véu ou plati-vela, preto ou laranja.

134 — **Xiphophorus variatus (Meek) — plati variatus; Platy; Sunset Platy; Platy variatus.** 6 cm. México. Água de 24 a 26°C, pouco dura e quase neutra (pH 7,2 a 7,4). Muito bonito com sua cor ouro-velho, pode apresentar também uma pigmentação violácea sobre o corpo. O macho tem a nadadeira anal cor de abóbora. Existe a variedade velífera, muito bonita. Para evitarmos hibridações, não deve ser misturado com outros peixes como os espadas ou platis. É muito parecido com o X. maculatus, mas é mais comprido e em geral possui uma faixa escura sobre o dorso. O X. maculatus em geral é menos colorido. Existem outras variedades obtidas em cativeiro. Alimentos: secos ou vivos.

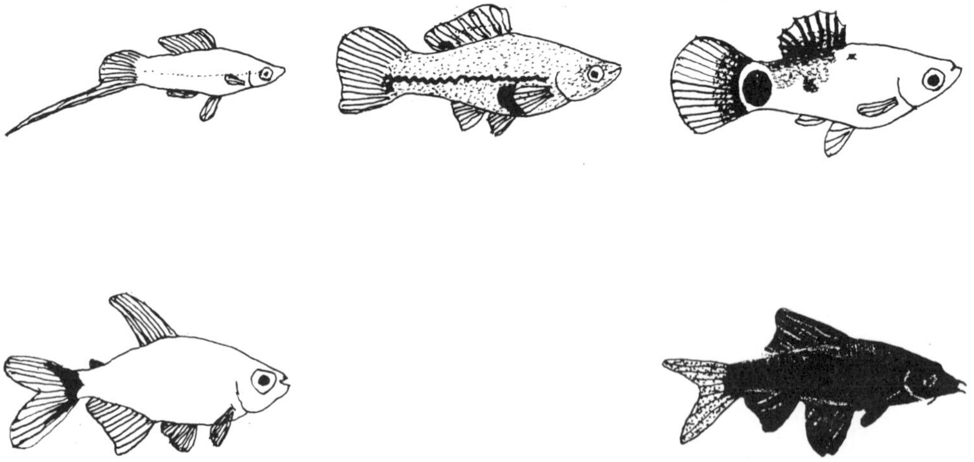

1 e 2 — Xiphophorus helleri; 3 — Xiphophorus maculatus; 4 — Moenkhausi pittieri. 5 — Labeo bicolor

BIBLIOGRAFIA

A ALIMENTAÇÃO DOS PEIXES DE AQUÁRIO — Gastão Botelho, A. Bergamini de Abreu e Teresa Cristina Rohloff.

A VIDA NO AQUÁRIO — Gastão Botelho & Nilson Araujo.

ACUARIOS DE AGUA DULCE Y AGUA MARINA — Julio Sonizni.

AQUARIANERS BASTELBUCH — Hans J. Mayland.

AQUARIENFISCHE DES TROPISCHEN SÜSSWASSERS — H. J. Mayland.

AQUÁRIO TROPICAL MARINHO — Márcio Infante Vieira.

AQUÁRIOS, CONSTRUÇÃO E MANUTENÇÃO — Yanko Seljan Junior e Humberto Cardoso Gonçalves.

AQUARIUMS — The Pet Library Ltd.

AQÜICULTURA E BIOLOGIA DOS PEIXES — Hitoshi Nomura.

BREEDING TROPICAL FISH — The Pet Library Ltd.

COMO CUIDAR DO SEU AQUÁRIO — Raul Pereira.

DAS AQUARIUM — Werner Meyer.

DOENÇAS E TRATAMENTO DOS PEIXES ORNAMENTAIS — Gastão Botelho & A. Bergamini de Abreu.

EL ACUARIO EN CASA — Salvador Torroella.

ENJOY BREEDING EGG-LAYERS — Richard Haas.

ENJOY YOUR MOLLIES — Mabel Ervin.

ESTUDO SOBRE ECOLOGIA DE ARTÊMIA SALINA — Nilza Costa de Almeida.

EXOTIC TROPICAL FISHES, EXPANDED EDITION — AXELROD, H. & outros.

FRESHWATER AND MARINE AQUARIUM FISHES — Simon & Schuster's.

FRESHWATER FISHES — Dr. Jirí Cihar.

GUIDE TO AQUARIUM FISHES — Klaus Paysan.

KNOW YOUR AQUARIUM PLANTS — Don L. Jacobs.

LAS PLANTAS DE ACUARIO — Gerhard Brünner.

LIVE FOODS FOR THE AQUARIUM AND TERRARIUM — Willy Jocher.

LOS PECES DE ACUARIO — Arne Schiötz & Preben Dahlstrom.

PEIXES DA ÁGUA DOCE — Eurico Santos.

PEIXES DE NOSSA TERRA — Raul Pereira.

PRINCIPALES ENFERMEDADES INFECCIOSAS DE LOS PECES — E. Zarzuelo Pastor.

SELEÇÃO DE PLANTAS AQUÁTICAS — Gastão Botelho & Rubem Ramalho Rangel.

THE ENCYCLOPEDIA OF AQUARIUM FISHES — David J. Coffey.

THE FRESHWATER AQUARIUM — R. F. O'Connel.

THE POCKET GUIDE TO AQUARIUM FISHES — Gwynne Vevers.

THE LOVE OF TROPICAL FISH, FRESHWATER AND MARINE — Keith Sagar & Jack Swain.

TROPICAL AQUARIUM FISHES, FRESHWATER & MARINE — George Cust & Graham Cox.

TROPICAL FISH PRIMER FOR BEGINNERS — W. L. Whitern.

USTED Y EL ACUARIO — S. S. Aries.